AF457016

CHARLES CANIVET

LES COLONIES PERDUES

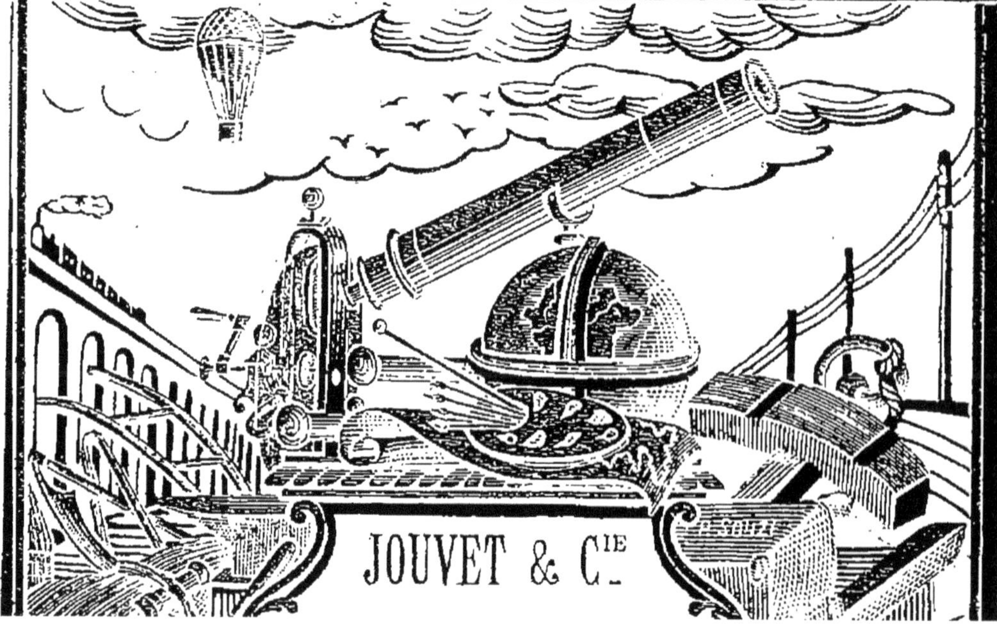

BIBLIOTHÈQUE INSTRUCTIVE

LES COLONIES PERDUES

BIBLIOTHÈQUE INSTRUCTIVE

LES
COLONIES PERDUES

PAR

CHARLES CANIVET

OUVRAGE
ILLUSTRÉ DE 65 GRAVURES SUR BOIS

PARIS

LIBRAIRIE FURNE
JOUVET ET Cie, ÉDITEURS
5, RUE PALATINE, 5

1884

AVANT-PROPOS

Dans l'histoire coloniale de la France, deux noms brillent ou devraient briller au premier rang ; ce sont ceux de Montcalm et de Dupleix. L'un au Canada, l'autre dans les Indes, qui sont aujourd'hui deux colonies anglaises, et que leur patriotisme et leur génie ne suffirent pas à conserver à la France ; ils furent les héros de deux épopées merveilleuses, s'il est permis d'écrire ce mot, quand il s'agit, en somme, d'un double désastre. Chose incroyable ! ils eurent contre eux leur pays même, ou plutôt ceux qui le représentaient, et de quelle manière ? dans ces heures de décadence de la monarchie française, qui s'avilissait, avant de s'effondrer.

Aujourd'hui, de tels faits ne sauraient se produire. Le pays tout entier, par la voix de ses représentants, protesterait contre de tels agissements. Deux hommes, deux héros sont abandonnés, ou presque, à des milliers de lieues de la métropole. L'un Montcalm, déploie, pour garder une colonie à la France, toutes les ressources de son génie militaire et meurt, à l'heure même qui marque le désastre final. L'autre, livré presque à ses propres ressources, veut doter son pays d'un empire colonial sans pareil ; il touche au but de ses désirs, il tient son rêve, et tout d'un coup il est désavoué, abandonné, que dis-je ? accusé, et revient mourir en France, misérable, et non réhabilité, sans avoir pu faire comprendre la grandeur de son entreprise et la justice de ses moyens.

L'avenir, heureusement, garde l'absolution pour de tels hommes. Il leur réserve une justification tardive, c'est vrai, mais éclatante. Mais, hélas ! il faut aussi s'incliner devant les faits accomplis. L'Inde que voulait nous donner Dupleix, le Canada défendu par Montcalm, sont à d'autres depuis plus d'un siècle. De tels exemples ne sont-ils pas faits pour servir de leçon et aussi pour faire protester, avec la plus grande énergie, contre ces lieux communs qui représentent le Français comme anti-colonisateur, tandis qu'au bout de plus de cent ans, et malgré des fautes accumulées, comme on le verra dans ce livre, le Canada perdu nous est resté fidèle de cœur, et que les Anglais, maîtres de l'Inde, s'y sont implantés grâce aux doctrines et au système du grand Dupleix.

Il n'est peut-être pas inutile, à l'heure actuelle, de rappeler sommairement ces faits. Si tristes qu'ils soient, ils ont leurs pages grandioses, et si de tels dévouements pouvaient inspirer des résolutions viriles, est-ce que nous n'avons pas une place à prendre en Afrique, dans cette terre à peine connue encore, où dorment tant de richesses inexploitées? Ces idées-là sont dans l'air. Les explorations récentes et heureuses de M. Savorgnan de Brazza montrent que nous n'avons qu'à paraître, non pour conquérir, mais pour être accueillis. Il y a là un vaste champ ouvert à notre initiative et à notre industrie. Quoiqu'il arrive, n'est-il pas opportun, plus que jamais, de retracer l'historique de nos colonies perdues et de rappeler l'héroïsme de deux hommes antiques, fatalement abandonnés, pour apprendre, dans des heures qu'il faut espérer moins égoïstes, à respecter leurs noms et à s'inspirer de leurs actes? Ce petit livre n'a pas d'autre but que de remettre en relief deux grandes figures, non pas oubliées, mais un peu dédaignées, et de montrer ce que peuvent, dans les jours les plus néfastes, des âmes aussi fièrement trempées. Les hommes les plus compétents s'accordent à dire que la France a un grand rôle à jouer sur le continent africain et qu'elle a tout intérêt à devenir puissance coloniale. Le jour où elle se décidera, elle fera bien de jeter un coup d'œil sur le passé et de puiser, dans l'abandon fatal des Montcalm et des Dupleix, ainsi que dans leur imperturbable patriotisme, l'héroïsme nécessaire pour fonder des colonies et pour les garder.

LE CANADA

CHAPITRE Ier

DES ORIGINES DU CANADA. — COLONISATION. — CHAMPLAIN

Découvert en 1497 par Cabot, marin vénitien au service de l'Angleterre, le Canada fut visité au commencement du seizième siècle par un Normand, J. Denys de Harfleur. Des chercheurs d'or espagnols abordèrent à leur tour sur les rivages du golfe Saint-Laurent. Les indigènes qu'ils rencontrèrent leur ayant dit que le pays était inculte, couvert de forêts, et ne renfermait pas de mines d'or, ils se retirèrent en s'écriant : « *Cabo de nada* (cap de rien.) » C'est de cette expression espagnole que nous avons tiré le mot Canada. Telle est du moins la version la plus répandue sur l'étymologie de l'appellation qui servit à désigner l'immense vallée à travers laquelle coule le Saint-Laurent, ce fleuve gigantesque dont le parcours est de sept cent quarante lieues et qui mesure quarante lieues de largeur à son embouchure.

Cette apparition fugitive des Espagnols dans les régions qui s'étendent entre l'océan Atlantique, la baie d'Hudson et les grands lacs américains, ne se renouvela point. Hommes du midi, les aventuriers castillans étaient irrésistiblement attirés vers les pays du soleil, vers les contrées où, sous l'action de la chaleur, le sol produit, sans y être sollicité par le travail de l'homme, une végétation exubérante. Les froides montagnes et les champs couverts de neige du Canada ne pouvaient guère les séduire. Peut-être les « chercheurs de mondes » qui formaient l'équipage du navire espagnol qui montra son pavillon en 1525 dans le golfe Saint-Laurent allèrent rejoindre plus tard dans le Pérou les compagnons de Pizarre.

Ce qu'il y a de certain, c'est que le gouvernement espagnol n'éleva jamais la moindre prétention à ranger sous son autorité les régions qu'arrose le Saint-Laurent. Ces contrées ne furent convoitées que par les Français et les Anglais, qui s'y livrèrent de sanglants combats. Certains écrivains ont même contesté aux Espagnols l'honneur d'avoir trouvé le nom du Canada. Cette appellation, prétendent-ils, ne vient pas de la phrase espagnole *Cabo de nada*, mais bien du mot indien *Kanata*, qui signifie : amas de cabanes.

Cap de rien ou amas de cabanes, le Canada apparut en 1534 à Jacques Cartier comme un pays plein d'avenir; avec deux petits navires de soixante tonneaux, le hardi capitaine malouin explora les parages de Terre-Neuve et les eaux du golfe Saint-Laurent. L'année suivante, il fréta trois bâtiments, dont le plus grand ne jaugeait que cent tonneaux, l'*Hermine*, la *petite Hermine* et l'*Emérillon*. Avec cette flottille, il remonta le fleuve Saint-Laurent et aborda dans une baie formée par une rivière, à laquelle il donna le nom de Sainte-Croix et que l'on appelle aujourd'hui Saint-Charles.

Jacques Cartier, après avoir laissé deux de ses navires et une partie de ses équipages dans les environs de *Stadaconé*, le hameau indien qui depuis est devenu Québec, continua son voyage avec l'*Emérillon* jusqu'à l'île de Hochelaga, actuellement l'île de Montréal.

FRANÇOIS Ier.

A son retour, le roi François Ier, qui avait assez le goût des entreprises aventureuses (honni soit qui mal y pense), fit le meilleur accueil à l'explorateur breton, lui donna plusieurs audiences et lui promit de mettre à sa disposition les ressources nécessaires pour conquérir les vastes territoires dont il lui faisait une description enthousiaste. Malheureusement l'organisation de l'expédition projetée présenta des difficultés de diverse nature et traîna en longueur. Puis la guerre que François Ier soutenait contre Charles-Quint détourna du Nouveau-Monde la pensée du roi de France. Cependant, M. de Roberval, nommé vice-roi de la *Nouvelle-France* (c'est le nom que Cartier avait donné au Canada),cingla en 1542 avec deux bâtiments vers les rivages du golfe Saint-Laurent et y fonda quelques comptoirs.

Les successeurs de François Ier s'inquiétèrent peu de la Nouvelle-France. Ils abandonnèrent à elle-même leur colonie d'Amérique. Les marins et les négociants qui s'embarquaient dans les ports de la Bretagne et de la Normandie pour aller faire au Canada le commerce de pelleteries agissaient à leurs risques et périls, et n'avaient pas les moyens matériels de fonder des établissements durables et capables de se développer.

Ce ne fut que sous le règne de Henri IV qu'eurent lieu de sérieuses tentatives de colonisation sur les bords du Saint-Laurent. Ce prince, le plus intelligent peut-être qu'ait eu la France, songea, quand il eut mis fin à la guerre civile et reconstitué les finances publiques, à jeter les fondements d'un vaste empire colonial. L'un des gentilshommes qui l'entouraient, M. de Monts, organisa, au moyen d'une subvention qui lui fut octroyée sur la cassette royale, et aussi avec le concours pécuniaire de plusieurs négociants, une expédition pour Terre-Neuve et le Canada. Parmi les personnes qui montaient les quatre bâtiments affrétés au Havre en 1604 et dont M. de Monts prit le commandement, se trouvait l'armateur dieppois Champlain. Ce fut ce dernier qui eut bientôt la direction de l'entreprise, M. de Monts étant retourné en France en 1606, après avoir exploré l'Acadie et le Canada.

HENRI IV.

Champlain était un homme d'une rare énergie et qu'aucun obstacle ne décourageait. Malgré les tracasseries et les actes d'hostilité des Anglais et des Hollandais, qui étaient jaloux de notre grandeur coloniale naissante, et bien qu'il n'eût sous ses ordres qu'un fort petit nombre d'hommes, l'armateur normand qui avait pris en main les destinées de la Nouvelle-France réussit à conclure des alliances avec les populations indigènes et à élever les premières fortifications de Québec. Investi en 1620 du titre de gouverneur, il fit construire le château de Saint-Louis, qui devint sa résidence. Il fit défricher les forêts qui entouraient Québec et apprit aux *sauvages* l'usage de la charrue, en même temps qu'il favorisait la fondation de maisons d'éducation et d'établissements de bienfaisance dont plusieurs subsistent encore à l'heure actuelle.

En 1627, le cardinal de Richelieu organisa une société de cent membres en vue d'achever l'œuvre de la colonisation du Canada. Cette compagnie s'engageait à transporter dans la Nouvelle-France seize mille ouvriers et laboureurs, à les nourrir pendant un certain temps et à leur fournir du blé pour faire des semailles. Le gouvernement français déléguait à la nouvelle société une partie de ses prérogatives et notamment le droit de nommer des juges, de fondre des canons, de décerner des titres. La compagnie avait le monopole du commerce des pelleteries dans l'Amérique du Nord et était investie d'un privilège exclusif pour y trafiquer sans avoir rien à payer au fisc.

Il y avait là une grande idée. Malheureusement, au moment même où la compagnie venait de se constituer et commençait à réunir les capitaux nécessaires, la guerre éclata entre la France et la Grande-Bretagne. Une flotte anglaise de dix-huit vaisseaux se dirigea vers nos possessions américaines. La petite ville de Québec, malgré le patriotisme et le courage de sa population de cent et quelques Français, était incapable de résister à des forces aussi imposantes. Il n'y avait pas cinquante livres de poudre dans les magasins, et les habitants se trouvèrent réduits à une ration de sept onces de pain par jour. Après avoir supporté les

RICHELIEU.

plus cruelles privations, les colons durent se rendre aux troupes britaniques, commandées par le calviniste français David Kertk. Mais, quelques années après, en 1632, quand fut conclue la paix de Saint-Germain, Louis XIII obtint de l'Angleterre la restitution de

Québec, et Champlain rentra en possession de son ancien gouvernement du Canada, qu'il administra jusqu'à sa mort, en 1635.

La colonie végéta pendant la dernière période du ministère de Richelieu et pendant toute la durée du ministère de Mazarin. L'Italien qui avait recueilli la succession du grand cardinal avait beaucoup plus de goût pour les intrigues diplomatiques que pour la politique de colonisation. Colbert comprit mieux que Mazarin le parti qu'il pouvait tirer du Canada pour le développement de la puissance militaire et de la prospérité commerciale de la France. Sous la vigoureuse impulsion du grand ministre de Louis XIV, des relations étroites se nouèrent entre la mère-patrie et sa colonie d'Amérique. Deux nouvelles villes, Montréal et Trois-Rivières, et de nombreux villages s'élevèrent sur les bords du Saint-Laurent. La France fit prédominer ses lois et ses mœurs dans l'immense territoire qui s'étend entre les grands lacs, l'océan Atlantique et les alentours de la baie d'Hudson; elle y fonda des collèges, des hôpitaux, des forteresses, des comptoirs, des pêcheries, des entrepôts, où venaient affluer les pelleteries, qui constituaient le principal élément de trafic et la richesse de la colonie.

Le gouvernement avait su, il faut le reconnaître, choisir des hommes de talent pour administrer la Nouvelle-France. Les Canadiens ont conservé le souvenir du chevalier d'Yberville, du comte de Frontenac, de l'intendant Talon, petit-neveu du magistrat Omer Talon. Ce fut également un prélat distingué, M. de Laval-Montmorency, qui fut le premier titulaire de l'évêché du Canada.

Irrités de voir la domination française se consolider

dans le Canada, les Anglais, qui avaient de leur côté colonisé les territoires qui plus tard formèrent le noyau de la confédération des Etats-Unis d'Amérique, soulevèrent contre nous la plus puissante des

COLBERT.

peuplades indiennes de la vallée du Saint-Laurent, les belliqueux Iroquois. Ces Peaux-Rouges, auxquels les agents de l'Angleterre prodiguaient de la poudre et de l'*eau de feu* (c'est ainsi qu'ils appelaient l'eau-de-vie), firent aux colons français une guerre de surprises et d'embuscades, dans laquelle fut répandu pendant plusieurs années un sang précieux.

La Nouvelle-France continuait cependant à affirmer sa vitalité par les progrès de son commerce et l'activité de ses chantiers de construction. En une seule année, on lança huit navires dans la rade de Québec, dont la population n'était que de sept mille âmes.

Mais au milieu du dix-huitième siècle, la question de la possession du Canada se compliqua et devint la question de la possession de l'Amérique du Nord.

Avant de commencer le récit des événements qui aboutirent à la ruine de notre empire colonial au-delà de l'Atlantique, il est utile d'examiner quelle était, sous le règne de Louis XV, la situation de la Nouvelle-France et de nos autres possessions américaines.

CHAPITRE II.

COLONISATION DE LA LOUISIANE. — LA QUESTION DE *l'Ouest*. — PREMIÈRES HOSTILITÉS ENTRE LES FRANÇAIS DU CANADA ET LES ANGLAIS DES *Treize Colonies*. — L'EXPULSION DES ACADIENS.

Il y a cent cinquante ans, à l'époque où allaient commencer dans l'ancien et dans le nouveau monde ces luttes sanglantes entre l'Angleterre et la France qui devaient se terminer, en 1763, par le désastreux traité de Paris, nous possédions un immense empire colonial. Les trois quarts de l'Amérique septentrionale étaient à nous.

Nous avons raconté plus haut les origines de la colonisation du Canada. En 1673, une expédition partie des bords du Saint-Laurent et commandée par un simple négociant de Québec, M. Joliet, s'était dirigée vers le Sud, en suivant les grands lacs et les affluents du Mississipi. Elle s'avança jusqu'à la région où fut fondée, un siècle plus tard, la ville d'origine française de Louisville. On conçoit les difficultés qu'ils avaient dû surmonter, ces hardis enfants de notre vieille France, pour explorer ces pays inconnus, marécageux, coupés de mille rivières, dépourvus de routes, infestés par des troupes de Peaux-Rouges, sans compter les animaux sauvages. Ce n'est que lorsque les provisions et les munitions qu'ils avaient emportées furent complètement épuisées qu'ils se décidèrent à revenir sur leurs pas, mais non sans avoir pris possession, au nom de la France, de la vallée du Mississipi, à laquelle ils donnèrent le nom de Louisiane.

Huit ans après, Robert Lassalle, recommandé à Louis XIV par M. de Frontenac, gouverneur du Canada, obtenait du gouvernement français le commandement d'une nouvelle expédition, partait de Québec avec une trentaine d'hommes et touchait au golfe du Mexique, après avoir parcouru un espace de mille lieues. Quelques années plus tard, Lassalle périt dans un voyage d'exploration sur les bords du Mississipi. Mais son œuvre fut reprise en 1699 par Yberville, qui, parti lui aussi des bords du Saint-Laurent, conduisit deux cents colons à l'extrémité du Mississipi. Yberville visita le pays où s'éleva plus tard la Nouvelle-Orléans, construisit, à trente lieues du futur emplacement de la Nouvelle-Orléans, un fort qu'il destinait à être le point central de la nouvelle colonie de la Louisiane et qui porta le nom de Biloxi. Yberville, dans un des voyages qu'il faisait en France pour essayer d'intéresser le gouvernement au sort de la Louisiane, mourut de la fièvre. Son frère Bienville lui succéda à la tête de l'administration militaire de la colonie, qu'il défendit pendant près de quarante ans, avec une indomptable persévérance, contre la jalousie des Anglais, contre l'animosité des Indiens, et aussi, il faut bien le dire, contre l'inintelligence et l'incurie du gouvernement de la métropole.

La tâche était rude : la Louisiane n'avait que de bien faibles ressources, avec sa population blanche de trois ou quatre cents âmes et sa petite armée de cent soixante-quinze hommes, dont soixante-quinze Cana-

diens volontaires. Il fallait lutter continuellement contre les tribus indiennes, qui ne faisaient pas de quartier et qui coupaient en morceaux ou brûlaient à petit feu les Français qui tombaient entre leurs mains. Les Natchez furent écrasés en 1732, puis commença contre les Chickasas une guerre qui ne dura pas moins de sept ans. Bienville quitta la colonie de la Louisiane en 1740. Les établissements français des bords du Mississipi comptaient alors une population de six mille âmes, dont quinze cents nègres. On y avait fait de vastes plantations de riz, de tabac, d'indigo, de cannes à sucre et de cotonniers. Des relations régulières s'étaient établies entre nos deux grandes colonies américaines, celle qui englobait la vallée du Saint-Laurent et celle qui comprenait toute la vallée du Mississipi. Grâce aux efforts courageux de quelques hommes de cœur, pour la plupart d'origine obscure, tels que les Lasalle, les Champlain, les Bienville, nous avions rangé sous nos lois toutes les contrées qui forment aujourd'hui le *Dominion* du Canada et la meilleure partie de celles qui composent le magnifique domaine des États-Unis.

On éprouve un sentiment d'orgueil, en même temps que de poignante amertume, lorsqu'on jette les yeux sur les cartes de l'époque, qui représentent la configuration de l'Amérique du Nord. A l'Ouest, sur le versant du Pacifique et dans le bassin du golfe du Mexique, les Espagnols possédaient la Floride et le pays qu'avait conquis Fernand Cortez et qui avait reçu le nom de Nouvelle-Espagne. A l'Est, étaient renfermées dans un espace relativement étroit les colonies anglaises, composées alors de la Géorgie, de la Caroline, de la Virginie, du Maryland, de la Pensylvanie, du

diens volontaires. Il fallait lutter continuellement contre les tribus indiennes, qui ne faisaient pas de quartier et qui coupaient en morceaux ou brûlaient à petit feu les Français qui tombaient entre leurs mains. Les Natchez furent écrasés en 1732, puis commença contre les Chickasas une guerre qui ne dura pas moins de sept ans. Bienville quitta la colonie de la Louisiane en 1740. Les établissements français des bords du Mississipi comptaient alors une population de six mille âmes, dont quinze cents nègres. On y avait fait de vastes plantations de riz, de tabac, d'indigo, de cannes à sucre et de cotonniers. Des relations régulières s'étaient établies entre nos deux grandes colonies américaines, celle qui englobait la vallée du Saint-Laurent et celle qui comprenait toute la vallée du Mississipi. Grâce aux efforts courageux de quelques hommes de cœur, pour la plupart d'origine obscure, tels que les Lassalle, les Champlain, les Bienville, nous avions rangé sous nos lois toutes les contrées qui forment aujourd'hui la *Dominion* du Canada et la meilleure partie de celles qui composent le magnifique domaine des Etats-Unis.

On éprouve un sentiment d'orgueil, en même temps que de poignante amertume, lorsqu'on jette les yeux sur les cartes de l'époque, qui représentent la configuration de l'Amérique du Nord. A l'Ouest, sur le versant du Pacifique et dans le bassin du golfe du Mexique, les Espagnols possédaient la Floride et le pays qu'avait conquis Fernand Cortez et qui avait reçu le nom de Nouvelle-Espagne. A l'Est, étaient renfermées dans un espace relativement étroit les colonies anglaises, composées alors de la Géorgie, de la Caroline, de la Virginie, du Maryland, de la Pensylvanie, du territoire de New-York et de l'Acadie, aujourd'hui Nouvelle-Ecosse, que le gouvernement français avait eu la faiblesse de céder à notre rivale d'outre-Manche lors de la paix d'Utrecht. Tout le reste du continent était français. Notre domination s'étendait le long du Missisipi et des grands lacs, des montagnes Rocheuses aux Alleghanis, du golfe du Mexique aux alentours de la baie d'Hudson. Merveilleux patrimoine que le méprisable Louis XV perdit lâchement.

Mais c'est au Canada, dans la ville de Québec, qu'était le centre de notre influence commerciale et de notre action militaire. C'est là que notre civilisation était bien assise; c'est là que nos mœurs s'étaient répandues, que nous avions fondé un établissement solide et véritablement florissant. L'immense Louisiane, qui, comme nous l'avons dit plus haut, comprenait les fertiles vallées du Missisipi, du Missouri et de l'Ohio, était comme une annexe du Canada auquel elle se reliait par une ligne de postes militaires. Il y avait seulement quelques milliers de Français dans la Louisiane, et ils étaient pour la plupart agglomérés à la Nouvelle-Orléans et dans les environs. Dans le Canada, la mère-patrie avait envoyé cent mille de ses enfants.

Les colons Anglo-Américains de la Nouvelle-Angleterre voyaient avec dépit la prospérité croissante de leurs voisins les Franco-Canadiens. Rivalités de races, haines religieuses, intérêts commerciaux en concurrence, tout contribuait à allumer entre les colons anglais et les colons français de sanglants conflits. Malheureusement les premiers avaient sur les seconds l'avantage du nombre. Les colonies anglaises d'Amérique étaient quinze fois plus peuplées que le Canada. La victoire devait se mettre tôt ou tard du côté des gros bataillons.

C'est en 1754, sur les bords de l'Ohio, que commença cette guerre implacable entre les Anglais et

COLON DE LA BAIE D'HUDSON.

les Canadiens qui devait se terminer en 1760 par la capitulation de M. de Vaudreuil à Montréal. Les colons de la Nouvelle-Angleterre convoitaient la magnifique vallée de l'Ohio que nous occupions et où nous avions établi des postes militaires. A leurs yeux, la condition essentielle du développement de l'empire anglais d'Amérique était la conquête de l'*Ouest*, de ce pays où, pendant trois cents lieues, coulaient vers le Mississipi, à travers d'immenses terrains vierges couverts d'une herbe plantureuse, les eaux de l'Ohio ou de la Belle-Rivière. Les planteurs de la Virginie résolurent de mettre la main sur ces territoires, et, pour donner à leur entreprise une apparence de légitimité, ils firent octroyer à une association de défrichements qu'ils fondèrent sous le nom de Compagnie de l'Ohio, un acte de concession signé par les agents du gouvernement britannique et autorisant les actionnaires de la compagnie à prendre 600,000 acres de terre, dans la vallée de l'Ohio, au delà de ces monts Alleghanis qui avaient toujours été regardés comme la frontière naturelle des possessions des deux grandes nations occidentales en Amérique.

Mis en possession de cet acte de concession qui donnait un semblant de justice à la spoliation qu'ils avaient préméditée, les Virginiens prirent toutes les précautions qu'ils croyaient nécessaires pour triompher de la résistance à laquelle ils s'attendaient de la part des Canadiens. Se sentant soutenus par les quinze cent mille habitants des Treize Colonies anglaises d'Amérique, ils essayèrent encore d'avoir pour alliés les peuplades sauvages du sud des grands lacs, les Delawares, les Miamis, les Mingos et même la puissante confédération des Iroquois; ils réussirent en effet par des présents de poudre et d'eau-de-vie, à décider quelques-uns de ces Indiens à se joindre à eux.

Bientôt la compagnie de l'Ohio ouvrit une route à travers les défilés des Alleghanis et envoya des ouvriers pour construire un fort à la source de la rivière de l'Ohio. Les Franco-Canadiens répondirent immédiatement à cette entreprise en élevant de leur côté un fort à l'endroit où se trouve aujourd'hui la

WASHINGTON.

ville de Pittsburg. La nouvelle de la construction d'une forteresse française sur le territoire qu'ils convoitaient excita au plus haut point la colère des Virginiens. Ils résolurent de brusquer les choses, et le 28 mai 1754 un régiment de volontaires américains commandé par un jeune homme de vingt-deux ans, dont le nom allait bientôt devenir célèbre, Georges Washington, descendit dans la vallée de l'Ohio. Le corps expéditionnaire, précédé par une bande de sauvages Mingos, surprit les trente ou quarante Canadiens qui occupaient le fort *Duquesne*. Tous furent tués ou faits prisonniers. Mais quelques jours après, Washington, cerné à son tour par Jumonville et six cents Canadiens dans le fort de la *Nécessité*, était obligé de capituler. La capitulation accordée à Washington et à ses compagnons fut d'ailleurs honorable. Le jeune chef des milices virginiennes obtint le droit de se retirer librement et ne prit point l'engagement de déposer les armes. L'année suivante, il se joignit avec ses volontaires à deux régiments envoyés d'Angleterre et commandés par le général Braddock.

L'armée anglo-américaine rencontra près du fort Duquesne, au milieu des bois qui s'étendaient sur les rives de la *Belle-Rivière* ou Ohio, une troupe composée de mille à douze cents hommes, canadiens et Peaux-rouges, alliés de la France. On se battit furieusement à l'arme blanche. Les Anglais furent écrasés et perdirent les deux tiers de leurs hommes. Malheureusement, deux mois après la bataille de la Belle-Rivière, le 11 septembre 1755, le baron de Dieskau, qui avait été investi du commandement en chef des forces canadiennes, se faisait battre sur les bords du lac Saint-Sacrement, qui se déverse dans le lac Champlain.

En Europe la paix officielle durait toujours. Depuis deux années, le sang anglais et le sang français rougissaient la vallée du Saint-Laurent et les rives de l'Ohio. Louis XV voulait l'ignorer. Il refusait même de prendre connaissance des dépêches qui lui annonçaient que l'Angleterre, au mépris des traités, envoyait sans cesse en Amérique des vaisseaux chargés de troupes et que bientôt nos héroïques colons canadiens allaient être écrasés sous le nombre. Honteuse

SAUVAGES DE LA FLORIDE RENDANT HOMMAGE AUX ARMES DE FRANCE.

incurie qui voue le nom de cet indigne roi à l'exécration de tous les Français.

Louis XV n'avait même pas eu le courage et le patriotisme de protester contre l'odieuse déportation des Acadiens accomplie par l'Angleterre au moment où s'ouvraient les hostilités sur les bords de l'Ohio. On sait que par le traité d'Utrecht, qui avait terminé la guerre de la succession d'Espagne, la France avait cédé à l'Angleterre la fertile Acadie, en même temps que les contours de la Baie d'Hudson. En abandonnant à nos rivaux d'Outre-Manche cette belle contrée, que les Anglais se sont empressés de débaptiser et à laquelle ils ont donné le nom britannique de Nouvelle-Ecosse, Louis XIV avait stipulé formellement que les droits et les propriétés de ses anciens sujets seraient repectés. Pendant un demi-siècle, les Anglais administrèrent cette population sans avoir rien à lui reprocher, rien, que l'amour qu'elle gardait pour la France. C'était encore trop aux yeux des Anglais. Ils résolurent de se débarrasser des Acadiens et prirent, pour arriver à leur but, un moyen absolument barbare.

Dans le cours de l'année 1755, les soldats de l'armée britannique entourèrent les villages des Acadiens, les livrèrent aux flammes, chassant à coups de crosse de fusil les malheureux qu'ils renfermaient. Puis ils les entassèrent demi-nus sur leurs vaisseaux comme ils auraient fait d'un vil bétail, et les jetèrent sur les côtes de la Virginie et de la Caroline sans prendre même la peine d'assurer leur subsistance. La plupart des Acadiens périrent de misère et de chagrin. Ceux qui survécurent, ne voulant point rester au milieu de leurs bourreaux, s'acheminèrent à travers la vallée du Mississipi vers la Louisiane. Là au moins était le drapeau de la France ! Là, ils entendraient parler la langue de leur ingrate et chère patrie d'origine. La moitié des infortunés voyageurs périrent dans les marais du Mississipi, sous les flèches des Indiens ou à la suite des privations qu'ils endurèrent. Naturellement les Anglais ne leur avaient donné ni provisions, ni armes, ni munitions. Les plus robustes parmi les émigrants Acadiens arrivèrent jusqu'à la Louisiane et s'établirent sur les bords du Mississipi, dans un vaste terrain qui prit le nom de côte des Acadiens.

Comme nous le disions plus haut, l'atroce conduite des Anglais vis-à-vis des Acadiens, qui avait excité des idées de haine et de vengeance bien compréhensibles chez nos colons du Canada et de la Louisiane, avait laissé Louis XV complètement insensible. Il suffisait au descendant de Henri IV, au prince qui gouvernait « le plus beau royaume du monde après celui des cieux » de se vautrer dans les orgies de Versailles. Quant aux affaires, il les laissait aller comme elles pouvaient, c'est-à-dire fort mal. Que lui importait ? Après lui, le déluge ! Le déluge vengeur est venu en effet : Trente ans après les événements du Canada, la Révolution emportait dans son cours furieux, irrésistible, le trône des Bourbons et bien d'autres choses avec lui.

Enfin, une dernière insulte des Anglais mit Louis XV dans l'impossibilité de garder plus longtemps son attitude inerte et égoïste. Au printemps de 1756, sur un ordre de l'Amirauté britannique, les marins anglais fondirent subitement, sans déclaration de guerre, sur nos navires de commerce et ramenèrent dans les ports de la Manche trois cents bâtiments français montés par dix mille hommes d'équipage. L'Angleterre s'est montrée coutumière de ces guet-apens, mais celui-là dépasse tous les autres en audace et en cynisme.

CHAPITRE III.

MONTCALM ARRIVE AU CANADA. — CAMPAGNE DE 1756. — PRISE DU FORT CHOUAGUEN. — LES PEUPLADES INDIENNES DU CANADA.

Cinq jours avant la rupture officielle de la paix avec l'Angleterre, le 11 mai 1756, Montcalm débarquait à Québec, avec le titre de commandant en chef des troupes françaises dans l'Amérique septentrionale. Le nom de ce grand homme de guerre est resté le plus populaire, le plus honoré de ceux que les Canadiens d'origine française prononcent encore aujourd'hui avec amour. Montcalm avait des qualités militaires égales, si ce n'est supérieures à celles des Hoche, des Marceau, des Desaix. Comme eux, il consacra toute sa vie au devoir. Comme eux, il avait dans le cœur le culte ardent de la patrie française. Comme eux, il mourut dans toute la force de la jeunesse. Est-il vrai que ceux qui sont aimés des dieux meurent jeunes?

Le marquis Louis-Joseph de Montcalm était né le 23 février 1712 au château de Candiac, près de Nîmes. D'une intelligence précoce, il avait terminé ses études à quatorze ans. Il entra dans l'armée, où il continua à apprendre les langues vivantes et à lire dans les textes latins et grecs l'histoire des grands capitaines de l'antiquité. Montcalm était un lettré comme César; il n'avait pas moins que lui le coup d'œil militaire, et plus d'une fois dans le cours de ces immortelles campagnes du Canada où il lutta

MONTCALM.

contre les Anglais dix fois supérieurs en nombre à ses soldats, il aurait eu le droit de dire comme l'imperator romain : « Veni, vidi, vici. »

Montcalm fit ses premières armes sous le maréchal de Berwick; il prit part ensuite à la guerre de la succession d'Autriche. En Italie, où il fut envoyé plus tard, il commanda le régiment d'Auxerrois-infanterie. A la bataille de Plaisance, il rallia deux fois ses soldats sous un feu terrible et reçut cinq coups de sabre. A peine guéri, il prit part à l'affaire du col d'Exilles où il fut de nouveau grièvement blessé. Il était de ces soldats héroïques, qui, par un privilège spécial, ont dans les veines le sang de dix hommes ordinaires et sont toujours prêts à le répandre jusqu'à la dernière goutte pour le service de la patrie.

Il avait épousé la petite nièce de Talon, qui fut le véritable fondateur de l'administration royale du Canada; il en avait eu dix enfants; dans ce temps-là, on se mariait jeune en France et l'on ne redoutait pas d'avoir une nombreuse famille.

C'est le 3 avril 1756 que Montcalm s'était embarqué à Brest, sur la frégate la *Licorne* pour se rendre en Amérique. L'escadre française dont la Licorne faisait partie portait 3800 hommes de troupes. Parmi les officiers se trouvaient le célèbre Bougainville et le chevalier de Lévis, qui fut depuis maréchal de France.

A peine débarqué, Montcalm débuta par un coup de foudre. Les Anglais avaient construit, sur la côte méridionale du lac Ontario, un fort nommé Chouaguen ou Oswego, dont ils comptaient se faire un point d'appui formidable pour enlever aux Français le monopole du commerce des Grands Lacs et couper les communications de Québec avec les postes de l'Ohio et la colonie de la Louisiane. Avec le coup d'œil du génie, Montcalm sentit que c'était là le point où il fallait frapper. Résolu d'enlever Chouaguen, il commença par opérer une diversion pour attirer d'un autre côté le gros des forces ennemies. Il se transporta sur le lac Champlain, entraînant à sa suite l'armée anglaise de douze mille hommes, qui s'était concentrée à Albany. Puis partant seul et voyageant jour et nuit, à franc étrier, il fait cent lieues avec une rapidité inouïe et va prendre le commandement de trois mille hommes qu'il a rassemblés mystérieusement, quelques jours avant, au nord du lac Ontario, presque en face de Chouaguen, dans le fort de Frontenac. Immédiatement il franchit à la tête de cette troupe le lac Ontario, et attaque le fort de Chouaguen défendu par deux régiments anglais formant un effectif de près de deux mille hommes et disposant de cent vingt pièces de canon. Le fort fut enlevé et la garnison du fort tomba entre les mains des trois mille soldats français et canadiens de Montcalm. Le 21 août, Montcalm partait pour rejoindre le chevalier de Lévis sur les bords du lac Saint-Sacrement. Il avait rasé le fort anglais, et il emmenait dix-huit cents prisonniers, dont quatre-vingts officiers, cent vingt pièces de canon, cinq drapeaux, six grandes barques et des provisions pour trois mille hommes pendant un an. C'était brillamment inaugurer la guerre du Canada.

Le hardi coup de main de Chouaguen eut du retentissement dans toute l'Amérique du Nord et frappa les Anglo-Américains de terreur et les populations indigènes d'admiration : beaucoup de *sauvages*, qui jusqu'alors avaient observé la neutralité entre les deux nations aux *visages pâles* qui se disputaient les forêts et les lacs du Nouveau-Monde, proposèrent leur alliance aux Français. Montcalm s'empressa d'accepter le concours des peuplades de Peaux-Rouges, qui, au bruit de ses exploits, avaient envoyé des émissaires pour lui offrir leur alliance. Il sentait que l'appoint des Indiens lui était nécessaire pour soutenir la lutte inégale qu'il avait entreprise et contrebalancer un peu l'écrasante supériorité numérique des Anglais. Il ne faut pas oublier que lorsque la France envoyait en Amérique une compagnie, l'Angleterre y envoyait un régiment. Montcalm n'eut jamais à sa disposition plus de sept à huit mille hommes de troupes régulières, soldats et marins, pour lutter contre toutes les forces anglaises qui, au cours de la campagne, atteignirent le chiffre de soixante mille hommes. Pour apprécier les ressources que les deux armées ennemies pouvaient tirer du sol dont elles se disputaient la possession, il suffit de rappeler que le Canada français ne renfermait pas, en 1756, cent mille colons, tandis que les treize colonies anglo-américaines contenaient une population de plus de quinze cent mille âmes.

Le moment est venu de faire une description rapide de l'organisation de ces tribus de Peaux-Rouges, qui jouèrent un rôle important dans l'histoire de la grande et suprême lutte des Anglais contre les Français sur les bords des grands lacs et sur les rives du Saint-Laurent.

Les Indiens qui habitaient l'immense territoire s'étendant dans la vallée du Saint-Laurent, et auxquels leur teint cuivré a fait donner le nom de Peaux-Rouges, étaient divisés en trente ou quarante peuplades. Au point de vue ethnographique, on peut considérer que ces diverses tribus rivales et souvent ennemies appartenaient à la même famille. Au point de vue de la linguistique, elles se partageaient en deux grands rameaux, l'un parlant la langue algonquine, l'autre ayant pour idiome la langue huronne.

Les principaux peuples du groupe algonquin étaient les Algonquins, les Ottawais, les Nipissings,

IROQUOIS.

répandus sur les rives septentrionales du Saint-Laurent, les Micmacs ou Souriquois, qui habitaient à l'embouchure du fleuve, et plus au sud les Miamis ou Illinois.

Le second groupe comprenait les Hurons, campés

dans les environs du grand lac qui a gardé le nom de lac Huron, et les Iroquois, dont le territoire s'étendait entre les lacs Ontario et Champlain.

Toutes ces populations sauvages avaient des goûts belliqueux, un superbe mépris de la mort et une haine féroce de l'étranger. Elles firent aux Français, quand ils entreprirent la conquête de leur pays, une guerre acharnée. Parmi les premiers colons qui s'aventurèrent à travers les forêts qui ombrageaient les rives du Saint-Laurent et les bords des grands lacs, nombreux furent ceux qui tombèrent sous la hache des sauvages, sous le terrible tomahawk. Ce ne fut qu'au commencement du dix-huitième siècle, après l'extermination presque complète des Hurons et des Algonquins, qu'ils se décidèrent à déposer les armes et que leurs chefs vinrent à Québec fumer, avec les officiers français et les notables Canadiens, le « calumet de paix ».

Les Iroquois étaient ceux qui avaient le moins souffert pendant les guerres que les sauvages eurent à soutenir contre les colons français. Ce fut parmi eux que Montcalm trouva ses plus fidèles auxiliaires.

Par ce nom d'Iroquois, on désignait une puissante confédération de cinq nations, qui s'étendait, comme nous le disions plus haut, sur les bords de l'Ontario. Nous ne citons pas les noms barbares des cinq nations iroquoises, pour ne pas écorcher les oreilles de nos lecteurs. L'organisation politique des Iroquois était presque républicaine. Chaque nation était subdivisée en clans. Chaque village se gouvernait lui-même, par ses propres chefs, aucune distinction héréditaire n'étant admise dans la confédération iroquoise. Les chefs étaient nommés dans les assemblées populaires, suivant leurs mérites individuels, leur courage et leur éloquence. Ils se vantaient eux-mêmes de joindre la férocité du tigre à la finesse du renard. Ils tendaient aux Français des embuscades à travers leurs épaisses forêts et scalpaient impitoyablement les malheureux qui tombaient entre leurs mains. Parfois, par un raffinement horrible de cruauté, après avoir enlevé à leurs prisonniers la peau du crâne, ils coiffaient les malheureux mutilés avec une sébile remplie de sable brûlant, qui arrêtait l'effusion du sang et prolongeait de plusieurs heures leur supplice.

Les Iroquois avaient cependant une demi-civilisation. A la différence des Algonquins, qui ne vivaient que de la chasse et de la pêche, les Iroquois menaient dans leurs *wigwams*, qu'ils remplacèrent plus tard par des cabanes d'écorce, une existence sédentaire. Ils labouraient la terre avant l'arrivée des Français et apprirent d'eux avec assez de facilité des procédés de culture plus perfectionnés que ceux qu'ils avaient jusqu'alors mis en usage.

En débarquant en Amérique, Montcalm savait déjà de quelle utilité pouvaient être pour lui ces guerriers indiens d'une bravoure héroïque, indisciplinés, mais ayant des sens subtils et habitués à se battre dans les forêts et les montagnes du Canada. Il rechercha leur alliance, les flatta, les caressa, au point d'adopter leur costume national, de parler leur langage, de prendre, dans ses entretiens avec eux, leurs allures graves et compassées. Ainsi Alexandre-le-Grand prenait les vêtements des Perses et Napoléon Ier, en Égypte, faisait des professions de foi musulmanes. Tel a été le système politique de tous les grands conquérants. Le meilleur moyen d'imposer aux races inférieures les mœurs et la civilisation des races supérieures, c'est de paraître accepter les leurs. On feint d'adopter leurs usages pour pouvoir mettre la main sur elles et leur mieux imposer sa volonté.

INDIENS FUMANT LE CALUMET.

Éblouis, comme nous l'avons dit, par le prestige dont Montcalm était entouré depuis la prise du fort Chouaguen, les Indiens se rangèrent en grand nombre sous les drapeaux du jeune commandant en chef des troupes franco-canadiennes. Ces *sauvages* devinrent les éclaireurs de sa petite armée, « les chiens de

ENFANTS CANADIENS AU BERCEAU.

guerre des Français », selon l'expression des Anglais. Il aurait été impossible à Montcalm de trouver de

meilleurs guides pour ses soldats à travers les forêts canadiennes, de meilleurs pilotes pour ses barques de guerre sur les eaux des grands lacs.

A partir de l'affaire de Chouaguen, nos troupes comptèrent toujours dans leurs rangs deux ou trois mille et parfois jusqu'à cinq ou six mille de ces

DANSE DES SAUVAGES.

« chiens de guerre » que les Anglo-Américains traitaient avec le plus profond mépris et qu'ils essayaient d'exterminer en les enivrant d'*eau de feu*, quand la poudre ne faisait pas assez vite son office. Il était du reste assez naturel que les peuplades indiennes eussent plus de sympathie pour les Français, qui les traitaient avec humanité et qui avaient vis-à-vis d'eux les procédés qu'ils auraient pu avoir vis-à-vis de leurs égaux, que pour les Anglais, qui les regardaient comme des animaux malfaisants qu'on cherche à faire disparaître par tous les moyens possibles.

CHAPITRE IV

L'HIVER. — UNE EXPÉDITION SUR LA GLACE. — LA PRISE DU FORT GEORGE. — L'INTENDANT BIGOT.

L'hiver est toujours rude dans le Canada. Celui de 1756-1757 fut particulièrement pénible. Le thermomètre descendit plusieurs fois au-dessous de 27 degrés. La guerre et le froid paralysant les travaux de culture, les récoltes manquèrent, les colons, les soldats mêmes eurent à subir des privations ; il fallut réduire la ration des troupes. On dansait cependant à Québec et à Montréal ; il y avait trois fois par semaine des dîners, des soupers et des bals à l'hôtel du gouvernement. Ces plaisirs ne faisaient pas négliger à Montcalm la conduite des opérations militaires. Pendant cet hiver de 1756-1757, il se montra d'une activité dévorante et remporta plusieurs brillants succès.

L'expédition accomplie contre le fort George, notamment, fut une véritable épopée et un prodige d'audace. En plein cœur de l'hiver, par un froid de vingt degrés, une petite armée de quinze cents Français, Canadiens et Peaux-Rouges, se dirigea vers ce fort que les Anglais avaient bâti à l'extrémité méridionale du lac Saint-Sacrement, qui baigne les montagnes qui séparent le bassin de l'Hudson de celui du Saint-Laurent. Il s'agissait de détruire cette position, d'où les Anglais menaçaient les ports français du lac Champlain. L'expédition, organisée par Montcalm et placée sous les ordres d'un frère du gouverneur du Canada, M. de Vaudreuil, traversa sur la glace les lacs Champlain et Saint-Sacrement, en se faisant accompagner d'attelages de chiens qui servaient de bêtes de trait pour les traîneaux où se trouvaient les provisions et les munitions de guerre. On couchait sur la glace et sur la neige, enveloppé d'une voile ou d'une peau d'ours. Les Français ne purent pas enlever le fort, qui était formidablemont armé, mais ils forcèrent le camp retranché des Anglais et le livrèrent aux flammes, avec les deux cent cinquante bateaux de transport qu'ils avaient réunis sur les bords du lac Saint-Sacrement, pour marcher à la belle saison sur Montréal.

Quand vint l'été, Montcalm résolut de frapper un coup décisif et de dégager le Canada de l'étreinte de l'Angleterre, en détruisant tous les forts qu'elle avait construits sur le littoral méridional des grands lacs. Mais ce qu'il y avait de plus difficile, c'était de faire tomber les défenses du fort George ou William-Henry. On ne pouvait plus procéder par surprise, comme on l'avait fait pendant l'hiver. Les Anglais, prévenus par la première expédition, se tenaient sur leurs gardes. Ils avaient réparé leur camp retranché, constitué une nouvelle flottille et triplé l'effectif de la garnison du fort ; ils ne se trouvaient pas dans les mêmes conditions que nous : ni l'argent, ni les hommes ne leur manquaient.

Cependant, vers le milieu du mois de juillet 1757, Montcalm concentra à Carillon son armée de troupes régulières françaises et d'Indiens auxiliaires. Il fallait passer du lac Champlain au lac Saint-Sacrement qui le domine. Les cinq cents bateaux qui formaient la flotte de Montcalm ne pouvaient remonter les chutes du Saint-Sacrement. On hâla les canots à terre, ainsi que le matériel de siège, et durant six jours les Français, officiers et soldats, trainèrent à bras tout cet immense attirail. Puis on remit les bateaux à flot sur le Saint-Sacrement. Après avoir surmonté toutes ces difficultés et supporté de terribles fatigues, la troupe de Montcalm arriva devant le fort George. Le siège fut ouvert le 3 août, et six jours après le fort capitulait. Montcalm avait consenti à laisser les trois mille hommes qui formaient la garnison retourner dans les colonies anglo-américaines avec armes et bagages, après engagement pris de ne pas servir contre la France pendant dix-huit mois. Cette générosité envers un ennemi qui ne se piquait pas toujours des mêmes sentiments était commandée par la situation dans laquelle se trouvait Montcalm. Le général en chef de l'armée franco-canadienne pouvait bien difficilement nourrir ses propres soldats ; à plus forte raison lui était-il impossible d'assurer la subsistance de trois mille prisonniers.

Quoi qu'il en soit, l'autorisation donnée aux Anglais de se retirer librement fut la cause d'un incident regrettable. Les Indiens auxiliaires qui servaient dans l'armée de Montcalm avaient espéré qu'on les laisserait piller le fort et scalper quelques centaines d'Anglais. Ils avaient été très mécontents d'être déçus dans leur cupidité et dans leurs sentiments de férocité. Ils ne se gênaient pas pour exprimer leur colère avec des cris sauvages et pour menacer les officiers et les soldats anglais. Ceux-ci leur distribuèrent, pour les calmer, du rhum et de l'eau-de-vie. C'était une idée déplorable. Les Indiens passèrent la nuit qui suivit la capitulation à s'enivrer et à chanter leurs chants de guerre. Ils s'excitaient les uns les autres et le matin leur fureur ne connut plus de bornes. Les Anglais s'étaient mis en route pour gagner le fort Édouard. Les Peaux-Rouges, voyant leur proie leur échapper, se précipitent, le tomahawk et le casse-tête à la main. Les Anglais, en voyant ces hommes au teint cuivré, aux yeux étincelants, bondir sur eux comme des bêtes féroces, prennent peur, jettent leurs armes et fuient dans toutes les directions. Les Indiens s'élancent à leur poursuite. Cela devient une chasse dans laquelle un troupeau humain fuit, tourbillonne et se disperse devant deux mille fauves armés de couteaux au lieu de griffes. Lamentable spectacle!

Montcalm frémit en voyant de son camp la scène de carnage qui se prépare. Il se précipite avec ses officiers et quelques grenadiers. Il vole au secours des Anglais. Les Français couvrent les victimes de leurs corps, mettent leur poitrine devant les tomahawks des Indiens. Plusieurs sont grièvement blessés par ces sauvages ivres dont ils veulent arrêter les fureurs. Enfin le courage et la sereine loyauté de Montcalm et des officiers français en imposent aux Peaux-Rouges. On parvient à arracher de leurs mains les Anglais, et on fait rentrer ceux-ci, éperdus, dans le fort. L'alerte avait été chaude. Heureusement le nombre des Anglais tués et blessés n'avait pas été considérable, grâce à la rapidité avec laquelle les Français s'étaient précipités à leur secours. Mais, sans l'énergie et la présence d'esprit de Montcalm les trois mille soldats du Royaume-Uni qui avaient capitulé dans le fort

George auraient été massacrés jusqu'au dernier.

L'Angleterre commençait à être sérieusement inquiète des succès prodigieux de Montcalm. Elle sentait bien que dans cette lutte qui avait lieu au bord des lacs et au bord des forêts du Nouveau-Monde, il s'agissait pour elle non seulement de la domination du Canada, mais de celle de l'Amérique du Nord tout entière. En un an, Montcalm avait réussi par deux campagnes rapides et brillantes à dégager les abords des grands lacs, à rendre les communications libres entre le Canada et la Louisiane et à refouler les Anglais sur leurs colonies des bords de l'Atlantique. Encore une heureuse expédition, et le général français pouvait jeter à la mer l'ennemi héréditaire de la France et faire flotter le drapeau blanc sur toutes les villes qui s'élèvent entre la baie d'Hudson, l'océan Atlantique et le golfe du Mexique. Voltaire disait avec plus d'esprit que de connaisances géographiques et économiques, qu'on se battait en Canada pour quelques arpents de neige : on se battait pour la domination d'un continent. La question posée était de savoir si l'Amérique serait française ou anglo-saxonne. Elle est devenue anglo-saxonne, parce qu'au milieu du dix-huitième siècle, au moment où se joua la partie décisive, c'était Pitt, un patriote et un homme de génie, qui tenait les cartes pour le compte de l'Angleterre, et Louis XV, le plus inepte et le plus méprisable de tous nos rois, qui les tenait pour le compte de la France.

Non seulement Montcalm allait avoir à supporter le poids de toute la puissance anglaise, mais encore il avait affaire dans le Canada à une administration qui semblait prendre à tâche de ruiner la colonie, afin de la livrer sans défense aux mains de ses ennemis. On sait que Montcalm n'avait que le commandement des troupes et la conduite des opérations militaires. Encore, même dans cet ordre d'idées, était-il obligé de se conformer jusqu'à un certain point aux vues du gouverneur général du Canada, le capitaine de vaisseau marquis de Vaudreuil. Le marquis était un honnête homme, et son patriotisme ne pouvait être mis en doute. Malheureusement c'était aussi un homme d'une intelligence assez médiocre et d'un caractère faible; il subissait l'ascendant de l'intendant Bigot, et bientôt il abdiqua pour ainsi dire tous ses pouvoirs entre les mains de ce fonctionnaire, lui laissant l'autorité en matière administrative, judiciaire et militaire.

Bigot n'était, tranchons le mot, qu'un fripon de haute volée. Ses rapines éhontées dans l'administration métropolitaine avaient fait scandale. Comme il était protégé en haut lieu, on étouffa l'affaire, mais on comprit qu'il était nécessaire de lui faire faire un voyage loin du théâtre de ses premiers *exploits*. On l'envoya au Canada, avec avancement, cela va sans dire. Une fois installé dans sa place d'intendant au Canada, loin des yeux du pouvoir central, il ne mit plus de bornes à sa rapacité; il vola en grand, sans pudeur, sans chercher à sauvegarder les apparences, se vantant tout haut et publiquement des bénéfices illicites qu'il faisait sur les approvisionnements des places de guerre, sur les travaux publics, sur les transports, sur les produits de la traite des pelleteries, sur les fournitures faites à l'armée, sur les marchandises vendues aux Indiens. Il ne se contentait pas de voler lui-même effroyablement; il poussait les fonctionnaires placés sous ses ordres à en faire autant, dans l'intention de les compromettre et de s'en faire des alliés, ou plutôt des complices.

On comprend qu'avec ce système de concussions les troupes en vinrent bientôt à manquer de tout, et la

PITT.

colonie se trouva désarmée, au moment où elle avait besoin de toutes ses forces et de toutes ses ressources pour résister à la formidable avalanche de soixante mille Anglais qui allaient fondre sur elle. On donnait aux soldats des fusils de rebut qui éclataient entre leurs mains, et les hommes qui entraient dans les hôpitaux et les ambulances n'avaient ni couvertures ni médicaments.

Montcalm était désespéré de cette situation. Non seulement sa nature profondément droite et loyale se révoltait contre des concussions qui à ses yeux couvraient de honte et d'opprobre l'administration française, mais en outre, sentant approcher le péril suprême, il se demandait avec angoisse comment il pourrait tenir tête à un ennemi dix fois supérieur en nombre avec des soldats dénués de tout. Montcalm était habitué à se battre contre les Anglais à un contre trois ou quatre et à multiplier pour ainsi dire, par la rapidité des mouvements, le chiffre de ses troupes. C'est le système que tous les grands hommes de guerre ont employé, et qui dans le moment même réussissait en Europe à Frédéric de Prusse, l'allié de l'Angleterre. Mais encore fallait-il que la poignée d'hommes qu'il avait à sa disposition eût des armes, des souliers et du pain ; et tout cela leur manquait grâce aux concussions de Bigot et de sa bande.

Montcalm réclama auprès du ministre de la marine On intercepta ses lettres ou on les jeta au panier. Il eut recours au gouverneur général. M. de Vaudreuil, trompé par les rapports de Bigot, donna tort au général en chef. Le marquis de Vaudreuil du reste, qui était Canadien et qui appartenait au corps de la marine, était jaloux du Français officier de terre qui avait su en dix-huit mois acquérir dans la Nouvelle-France une popularité qui dépassait celle de tous les gouverneurs passés et présents de notre colonie américaine. Jusqu'à la fin de la guerre Montcalm eut à soutenir une lutte ouverte contre Bigot, une lutte sourde contre le marquis de Vaudreuil; aucune difficulté, aucune amertume ne lui furent épargnées. Après les succès inespérés, il connut les revers immérités. Il fut à la hauteur de la mauvaise comme de la bonne fortune.

CHAPITRE V

LA VICTOIRE DE CARILLON.

Malgré tout, Montcalm avait bon espoir. Il ne pouvait pas croire que Louis XV abandonnerait toujours sans secours ni en hommes, ni en argent, ni en vivres, ces braves gens qui souffraient et se faisaient tuer loin de la patrie, pour défendre l'honneur du drapeau de la France. Les secours tant de fois réclamés arrivèrent enfin. Ils se composaient de quelques caisses de vivres et de soixante-quinze recrues ! On n'envoyait même pas de poudre à Montcalm. Cependant, comme il le disait dans une de ses lettres au ministre de la marine, « il est impossible d'éviter la consommation de la poudre à la guerre. » Heureusement le général en chef de l'armée française avait les munitions que lui avaient fournis les forts anglais qu'il avait obligés à capituler. Sans cela ses troupes n'auraient eu d'autre ressources que d'emprunter, pour se battre, aux Peaux-Rouges, leurs flèches et leurs couteaux.

Les Anglais, eux, envoyaient sans cesse de nouveaux renforts en Amérique. Au commencement de 1758 une flotte commandée par l'amiral Boscawen amena dans les colonies anglo-américaines deux mille montagnards écossais, de nombreux bataillons de l'armée régulière britannique et un immense matériel de guerre. En outre, on leva dans la Nouvelle-Angleterre, le New-York, le New-Jersey, la Pensylvanie, la Virginie, vingt mille miliciens qui furent destinés à agir, partie dans la vallée de l'Ohio, partie sur la frontière du Canada. L'Angleterre apprenait la guerre à ses enfants d'Amérique. Plus tard ceux-ci devaient retourner contre la mère-patrie les armes dont elle leur avait appris à se servir.

En juin 1758 les soixante mille Anglais et Américains qui enserraient la Nouvelle-France dans leur étreinte se mirent en marche pour une campagne décisive. Au sud, dans la vallée de l'Ohio, douze mille Pensylvaniens et Virginiens, bien armés, bien organisés, se dirigèrent vers le fort Duquesne, toujours occupé par une garnison française. Au nord, l'amiral Boscawen et le général Amherst investirent avec une flotte formidable et une armée de vingt mille hommes la place forte de Louisbourg, qui, bâtie dans l'île Royale ou du Cap-Breton, commandait l'entrée du Saint-Laurent. Mais le grand coup devait être frappé au centre, là où se trouvait Montcalm. Le généralissime des forces anglaises avait concentré vingt-cinq mille soldats anglais, volontaires et miliciens américains, pour enlever Carillon, fort canadien qui commandait la rivière de Saint-Frédéric, par laquelle les eaux du lac Saint-Sacrement se déversent dans celles du lac Champlain. Si Carillon pouvait être pris, les Anglais pénétraient au cœur même de la colonie française, et le succès de la campagne était assuré.

Montcalm le sentait. Il résolut d'aller à la rencontre des Anglais et de sauver Carillon ou de se faire tuer. Il n'avait que deux mille huit cents soldats de troupes régulières françaises et cinq cents miliciens du Canada. En outre il attendait un renfort de quatre cents hommes que devait lui amener le chevalier de Lévis, un de ses meilleurs lieutenants. Trois mille sept cents hommes pour en combattre vingt-cinq mille! Mais Montcalm comptait sur son génie, sur le courage de ses soldats et sur l'étoile de la France ! L'étoile de la France ! elle commençait alors à bien s'obscurcir. Nous sommes en juillet 1758. L'année précédente avait vu l'humiliante défaite de Rosbach, qui avait mis au grand jour la faiblesse et l'impéritie des chefs de notre armée, en même temps que la supériorité de la tactique prussienne.

Un premier engagement eut lieu. Un corps français, cerné dans les bois par les troupes anglaises dix fois plus nombreuses, fut exterminé. Nos soldats du moins vendirent chèrement leur vie. Pour deux cents hommes que nous perdîmes, sept cents anglais et miliciens américains tombèrent pour ne plus se relever. On se battait dans les taillis, furieusement, à l'arme blanche. Chaque pin, chaque érable devenait une forteresse. On se mettait en embuscade dans les sentiers des grands bois américains ; on ne faisait pas de quartier; on luttait jusqu'au dernier souffle, et quand un homme était renversé d'un dernier coup d'épée ou de baïonnette, tout son sang coulait et rougissait les feuilles qui jonchaient le sol. Que de drames se sont passés dans cette guerre entre les anciens possesseurs et les maîtres actuels de la Nouvelle-France! Que d'actions héroïques dont l'histoire n'a point gardé le souvenir ! On a raconté souvent et l'on a célébré avec raison l'admirable dévouement du chevalier d'Assas. Les trois mille compagnons de Montcalm avaient tous l'âme du chevalier d'Assas.

Montcalm ne se laissa pas décourager par l'échec

qu'il venait de subir. Ses troupes étaient pleines d'ardeurs et les mouvements de l'armée anglaise indiquaient de la mollesse, de l'irrésolution, du décousu dans le commandement. Il réunit ses forces sur un mamelon qui dominait le fort de Carillon et enferma cette éminence dans des retranchements improvisés qu'il fit construire avec des troncs d'arbre. Officiers et soldats travaillaient encore à ces fortifications quand on aperçut l'armée anglaise qui s'avançait en bon ordre sur quatre colonnes, aux sons aigus du fifre et de la cornemuse. En tête Abercromby avait placé ses meilleurs soldats, ses montagnards écossais aux jambes nues, aux vêtements bigarrés.

Il était midi. Le soleil de juillet qui éclairait les bords des grands lacs permit aux Anglais d'apercevoir les bataillons français formés en un clin d'œil, réunis dans leurs bastions, attendant l'arme au bras, tandis que le renfort attendu par Montcalm, les quatre cents hommes de Lévis arrivaient au pas de course. Splendide spectacle ! Combats sublimes, grandiose épopée, qu'Homère n'aurait pas dédaigné de chanter.

Quand les Anglais furent arrivés à cinquante pas des remparts élevés à la hâte par les Français, ils virent derrière les retranchements trois mille fusils s'abaisser tous ensemble, comme si une seule main les avait tenus ; puis trois mille balles sifflèrent à la fois : « Visez juste ! » avait crié Montcalm. La décharge fut foudroyante. Les colonnes anglaises tourbillonnèrent sous cette pluie de feu. Il y eut un moment d'hésitation. Les Français en profitèrent pour s'élancer et engager l'action à la baïonnette. La mêlée fut effroyable. Bientôt la fusillade enflamma les troncs d'arbre que les soldats de Montcalm avaient abattus pour s'en faire des retranchements. Les corps des Anglais tués par la décharge meurtrière qui avait salué l'attaque de l'armée d'Abercromby grésillaient

BOUGAINVILLE.

sur ces bûchers. Vingt fois les Anglais repoussés revinrent à la charge ; les Écossais se firent hacher littéralement. Là où ils donnèrent l'assaut, s'élevait une montagne de cadavres.

Montcalm avait jeté bas son habit. Plus d'une fois il dut se battre comme le dernier de ses grenadiers et se servir de son épée pour se dégager des masses qui l'entouraient. Noir de poudre, couvert de sang, au milieu de la fumée, du sifflement des balles, sous les rayons du soleil étincelant de juillet, le chef de l'armée franco-canadienne était superbe, avec sa fière mine, son nez busqué, son allure nerveuse et ses grands yeux noirs brillants du feu du génie et de l'ardeur de la lutte. Pourquoi ne tomba-t-il pas au milieu de sa gloire sur ce champ de bataille de Carillon, après avoir vu fuir les Anglais?

La bataille commencée, à midi, avait duré jusqu'à sept heures du soir. La nuit seule mit fin à cette lutte acharnée.

Les Français s'attendaient à être attaqués le lendemain. Ils passèrent la nuit à réparer leurs fortifications. Mais les Anglais, qui avaient perdu le quart de leur effectif, étaient découragés. Ils profitèrent des ténèbres pour se retirer. Ils laissaient derrière eux près de cinq mille morts ou blessés. Les Français avaient perdu sept cents hommes. Un de leurs meilleurs officiers, Bougainville, qui plus tard se fit un si grand nom dans la marine, avait été grièvement blessé à la tête. C'est miracle si Montcalm était resté sain et sauf. Il s'était exposé aux coups des Anglais avec une telle témérité que vingt fois ses soldats l'avaient cru tué.

Il est inouï de songer que cette bataille de Carillon, où trois mille cinq cents Français battirent vingt-cinq mille Anglais, ait passé inaperçue et qu'il n'y en ait presque aucune trace dans notre histoire.

Saluons cette journée de juillet 1758. Ce fut le dernier grand succès des Français dans la campagne du Canada; la fortune cessera désormais de sourire à Montcalm. Des revers successifs vont fondre sur notre colonie américaine, sans toutefois ébranler le courage des hommes de cœur qui la défendent.

CHAPITRE VI

LES PREMIERS REVERS DES FRANÇAIS. — LA MISÈRE DES CANADIENS ET DE L'ARMÉE DE MONTCALM.

Pendant que Montcalm par des prodiges de génie rompait au centre le cercle de fer et de feu qui enveloppait l'Amérique française, aux deux extrémités ce cercle se rétrécissait dans une étreinte mortelle. Les Anglais, comme nous l'avons dit, avaient combiné leur plan de campagne de façon : 1° à se saisir des Grands Lacs et à pénétrer ainsi comme un coin au cœur même du Canada ; 2° à s'emparer de l'entrée du Saint-Laurent, la grande route de la Nouvelle-France ; 3° à envahir la vallée de l'Ohio, que les Français couvraient au moyen de petits postes fortifiés.

La première partie de ce plan avait échoué. Les deux autres devaient réussir.

Pour assurer à leurs vaisseaux le libre accès du golfe et du fleuve Saint-Laurent, les Français avaient construit dans l'île Royale ou du Cap-Breton une place forte, Louisbourg, dont la population s'était assez rapidement élevée à quatre mille âmes. Le général Amherst et l'amiral Boscawen, avec une flotte nombreuse et un immense matériel de guerre, mirent le siège devant la ville, qui fut obligée de se rendre au bout de deux mois, peu de jours après la bataille de Carillon, La route du Saint-Laurent était ouverte aux Anglais.

A peine la nouvelle de la prise de Louisbourg venait-elle de parvenir à Québec qu'on apprenait que Bradsteet, à la tête de trois mille Anglo-Américains, avait détruit sur le lac Ontario le fort de Frontenac défendu par soixante-dix hommes. Sur l'Ohio, les Français remportèrent d'abord un premier succès : ils battirent le 13 septembre l'avant-garde des armées de Forbes et de Washington. Mais dix jours après, le 23 septembre, le fort Duquesne sur la Belle-Rivière était détruit. Après la magnifique entrée du Saint-Laurent, nous perdions à tout jamais la vallée de l'Ohio. Les quelques milliers de braves que commandait Montcalm étaient bloqués par soixante mille Anglais et Anglo-Américains. Désormais l'histoire de cette troupe heroïque ne sera plus que l'histoire d'une cruelle agonie.

L'hiver de 1758-1759 approchait. Il donna quelque répit à l'armée qui défendait le Canada. Les Anglais ne pouvaient continuer leurs opérations et poursuivre leur marche en avant. Ils se contentèrent de se fortifier dans les positions qu'ils avaient conquises et de méditer derrière la barrière de neige et de glace qui s'élevait entre eux et les Français, les combinaisons qui devaient leur assurer définitivement la possession de la colonie.

Pendant que les armées anglaises, bien approvisionnées, abondamment pourvues de vivres et de munitions, se reposaient tranquillement dans leurs quartiers d'hiver, le Canada, étroitement bloqué, mourait de faim. Pendant la belle saison, la culture avait été insuffisante, parce que la guerre absorbait la plupart des bras disponibles dans la campagne. Les deux dernières récoltes avaient manqué. De temps à autre un navire français, trompant la surveillance des croisières anglaises, apportait quelques vivres que l'intendant Bigot vendait à prix d'or. Il n'y avait plus d'aliments ; il n'y avait plus d'argent ; et le papier avec lequel on payait la solde des officiers et des soldats se dépréciait chaque jour davantage ; on vendait dix sous la livre de pain, dix francs la pinte de vin, trois francs la douzaine d'œufs ; une paire de souliers valait quarante francs ; pour se rendre compte de ce que représentaient ces prix en 1759, il faut doubler ou tripler les chiffres. Montcalm devait vingt-six mille livres, et des lieutenants qui ne pouvaient pas vivre avec leurs cent quinze francs d'appointements par mois étaient obligés de tendre la main.

Ainsi Bigot et les gens de sa bande dévoraient toutes les ressources de la colonie. Sentant que le Canada n'avait plus que quelques mois à vivre, ils se partageaient d'avance ses dépouilles. Montcalm disait de ces indignes fonctionnaires : « Tous se hâtent de faire leur fortune avant la perte de la colonie, que plusieurs peut-être désirent comme un voile inpénétrable de leur conduite. » N'est-ce pas à Bigot et à ses dignes acolytes qu'aurait pu s'appliquer la fameuse apostrophe de Ruy Blas aux ministres de Charles II : « Voilà votre façon de servir, serviteurs qui pillez la maison ! Donc, vous n'avez pas d'autres intérêts que d'emplir votre poche et vous enfuir après. »

Soyez flétris devant votre pays qui tombe,
Fossoyeurs qui venez le voler dans sa tombe.

Les dilapidations éhontées, les vols cyniques dont il était le témoin, indignaient l'âme honnête de Montcalm en même temps que la détresse de ses compagnons d'armes et des braves et loyaux habitants du Canada lui déchirait le cœur. Il se décida à faire au roi de France, à l'égoïste Louis XV, une réclamation suprême. Nons avons dit ce qu'on faisait habituellement des lettres de Montcalm. Elles passaient au ministère de la marine sous les yeux des amis, ou plutôt des complices de Bigot, et celles qui paraissaient compromettantes pour l'intendant du Canada disparaissaient. Ce fut à Bougainville, le plus distingué de ses officiers, que Montcalm confia la mission d'apporter en France son dernier appel. Celui qui devait dans la suite répandre sur la marine française un si vif éclat, mais qui alors était presque un inconnu, était chargé d'expliquer dans quelle situation se trouvait la colonie, et de demander une armée au gouvernement de la métropole. Bougainville était porteur de plusieurs lettres confidentielles, dans lesquelles Montcalm, comme citoyen et serviteur de son roi, exposait avec confiance ses gémissements à son ministre.

Mais Montcalm n'était pas le favori de Mme de Pompadour, et à la cour de Versailles on ne s'intéressait pas à cette colonie lointaine du Canada, qui, au dire de Voltaire, le roi des railleurs, consistait en quelques arpents de neige. On se contenta de nommer Montcalm lieutenant-général et de lui envoyer trois cents hommes et quelques vivres. C'était un secours dérisoire. Quant à l'administration concussionnaire qui achevait la perte de la colonie, elle fut conservée. Quand Bougainville revint a Québec avec les lettres des ministres de la guerre et de la marine qui renfermaient un aveu implicite d'impuissance et engageaient Montcalm à se défendre jusqu'à la dernière extrémité, le héros de Carillon comprit qu'il était abandonné, « Mon arrêt de mort a été signé, » dit-il à Bougainville. Et il écrivit au maréchal de Belle-Isle, secrétaire d'État à la guerre : « J'ose vous répondre de mon entier dévouement à sauver cette malheureuse colonie ou à mourir. »

La dernière campagne, celle qui devait décider des destinées du Canada, s'ouvrit en mai 1759. Les forces dont pouvait disposer Montcalm étaient bien réduites ; sa petite armée de troupes régulières, ayant eu à soutenir des combats sanglants et ne recevant pas de renforts, avait fondu pour ainsi dire. Il ne restait au général, des régiments qui étaient venus de France, que trois mille hommes environ qui servaient de noyau à douze ou treize mille Canadiens, pour la plupart mal armés, mais pleins de patriotisme et décidés à se battre avec la dernière énergie pour arrêter l'invasion anglaise. Tout ce qui pouvait tenir un fusil s'était levé pour la défense de la Nouvelle-France. Malheureusement, dans l'état de détresse où se trouvait la colonie, tout manquait à ces braves gens, les munitions, les vêtements, les souliers et même les vivres de première nécessité.

Il ne s'agissait plus, comme en 1756, de protéger les frontières du Canada : les frontières du Canada étaient entre les mains des Anglais. C'est au cœur de la colonie, sur le cours du Saint-Laurent qu'on allait se battre. C'était la capitale même du Canada qui était directement menacée par les Anglais. Dès 1758 Montcalm avait prévu que l'ennemi mettrait le siège devant Québec. Il l'avait écrit au ministre

GLAÇONS DU SAINT-LAURENT.

de la guerre ; et il avait ajouté qu'à moins d'un bonheur inattendu le Canada succomberait dans la campagne de 1759. L'événement prouva qu'il n'avait que trop raison.

Montcalm partagea sa faible armée en trois corps. Le premier fut chargé de défendre le fort Niagara, qui protégeait le cours du Saint-Laurent en amont. Le second, fort de deux mille cinq cents hommes fut concentré dans l'île aux Noix sur le lac Champlain. Montcalm, avec le troisième corps presque entièrement composé de miliciens du Canada, armés de mauvais fusils de chasse, s'enferma dans Québec, objectif principal de l'invasion anglaise.

CHAPITRE VII.

DÉFENSE DE QUÉBEC. — WOLFF. — DÉFAITE ET MORT DE MONTCALM.

Ce fut au milieu du mois de mai 1759 que la flotte anglaise parut devant Québec. Composée de vingt-deux vaisseaux de ligne, de trente frégates et d'une multitude de vaisseaux de charge, elle portait dix mille hommes de troupes de débarquement que Pitt avait placés sous les ordres d'un général de vingt-deux ans, plein de talent, James Wolff. Le célèbre Cook était parmi les officiers de marine qui servaient à bord de la flotte anglaise qui avait mouillé devant la capitale de la Nouvelle-France.

Québec était à cette époque et est restée une place militaire de premier rang. Elle est située, comme on le sait, au confluent du fleuve Saint-Laurent et de la rivière Saint-Charles, sur le penchant d'un promontoire appelé Cap-Diamant. Sa vieille enceinte bastionnée, ses maisons généralement mal bâties, ses rues mal pavées, courtes, étroites, qui courent irrégulièrement et sans ordre, lui donnent un cachet d'antiquité qui rappelle les vieilles cités européennes. Puissamment défendue par la nature, Québec ne l'était pas moins par ses murailles hautes et massives, par ses tours et surtout par sa citadelle, dont les ouvrages immenses excitent l'admiration de tous les étrangers. La rade de Québec est sûre, commode, et assez vaste pour abriter une flotte nombreuse composée de navires du plus gros tonnage. Voici la poétique description que fait M. de Bonnechose du Québec de 1759 que Montcalm a défendu avec tant d'héroïsme et si peu de succès hélas ! « Quand on a franchi le cap Tourmente, puis la grande île d'Orléans, un gigantesque rocher de granit et d'ardoise s'élançant de la rive septentrionale semble barrer le fleuve Saint-Laurent. Au pied et sur la cime de ce roc apparaît, sous les rayons d'un soleil de juin, un étonnant assemblage de clochers en branle, de batteries en feu, d'esplanades verdoyantes, d'arbres séculaires, de dômes et de toits métalliques, réfléchissant la lumière comme autant de miroirs ; ville couronnée par une citadelle aux bastions à pic, que domine à son tour un cap de mille pieds de hauteur, sortant tout droit du fleuve. Éblouissant tableau, qui se réflète dans l'onde d'un bassin assez immense pour contenir cent vaisseaux de ligne à cent vingt lieues de la mer. C'était la capitale de la Nouvelle-France. »

Wolff ne pouvait songer à faire le blocus de Québec et à prendre la ville par la famine. Du côté de la terre Bougainville avec trois mille hommes surveillait tous les mouvements des Anglais et gardait les communications de Québec. Le général anglais convint avec le chef de la flotte, l'amiral Saunders, d'écraser la ville sous une pluie de feu. Pendant deux mois les batteries anglaises établies en face de Québec, à la pointe Lévis, bombardèrent et incendièrent Québec, qui bientôt ne fut plus qu'un amas de ruines. Aucun des habitants ne songea pourtant à prononcer le mot de capitulation.

Cependant l'hiver approchait. L'amiral Saunders, ne voulant pas attendre l'époque où sa flotte serait enveloppée par les glaces dans les eaux du Saint-Laurent, parlait de lever l'ancre et de remettre le siège à l'année suivante. Il fallait battre en retraite ou donner l'assaut.

Mais comment donner l'assaut ? comment escalader les gigantesques falaises, dentelées à pic, bien fortifiées, du haut desquelles les postes français surveillent tous les mouvements des Anglais ?

Wolff eut une inspiration de génie. Dans la soirée du 12 septembre 1759 il remonta le Saint-Laurent avec une partie de la flotte anglaise portant cinq mille soldats et vint s'établir devant le cap Rouge, à trois lieues au-dessus de Québec. Bougainville, informé de ce mouvement des Anglais, vint se poster au cap Rouge en face de leurs navires, afin de s'opposer à toute tentative de débarquement.

Mais ce n'était pas au cap Rouge que voulait débarquer Wolff. L'opération qu'il venait d'accomplir était une feinte. Son intention était de pénétrer à la faveur d'une surprise dans Québec même.

Dès que les ténèbres furent descendues sur le fleuve, Wolff embarqua ses cinq mille hommes sur des chalands et des chaloupes et se laissa aller au cours de l'eau jusqu'à la baie de Foulon. Là s'ouvre un sentier étroit et escarpé qui mène au plateau de Québec. Là trois cents hommes pourraient, comme les Spartiates aux Thermopyles, arrêter une armée de cent mille soldats. C'est là pourtant que Wolff débarque au milieu de la nuit. Il comptait sur la négligence des Français, qui ne devaient pas supposer que leurs ennemis les attaqueraient par le côté le plus impraticable de Québec et qui sans doute ne veillaient pas avec beaucoup d'attention. Il ne se trompait pas.

Suspendus pour ainsi dire entre le ciel et la terre, les soldats anglais escaladèrent dans l'obscurité la plus profonde et sans faire de bruit, le sentier à pic qui mène au sommet. Les soldats français qui gardaient l'entrée du sentier du côté de Québec, dans le premier moment de surprise, se défendirent mal. Ils furent égorgés ou désarmés. Et bientôt les cinq mille hommes de Wolff se trouvèrent rassemblés derrière Québec.

Montcalm, averti de ce qui se passe, réunit toutes ses troupes disponibles et accourt en toute hâte pour rejeter les Anglais dans le Saint-Laurent. Les soldats de Wolff l'attendaient rangés en bataille dans la plaine d'Abraham. Le jeune général anglais avait le pressentiment de la victoire qui devait couronner son audacieux coup de main ; il avait aussi le pressentiment du sort qui l'attendait. Pendant la nuit, quand debout dans sa chaloupe il se dirigeait vers la baie du Foulon, on l'entendit réciter le chef-d'œuvre élégiaque de Thomas Gray, qui se termine par ces mots : « Le chemin de la gloire ne conduit qu'au tombeau ». Et au moment où les premières balles françaises tuaient autour de lui quelques-uns de ses soldats, il murmura les vers de Virgile :

> .... Si tu fata aspera rumpas,
> Tu Marcellus eris. Manibus date lilia plenis.

Comme Montcalm, son rival et son émule de gloire, Wolff s'était nourri de la lecture des anciens. Ces plaines qui entourent Québec virent tomber dans la même journée, à la fleur de l'âge, deux héros qui auraient fait une aussi brillante figure dans une académie qu'à la tête d'une armée.

« On se fusilla longtemps, dit dans sa relation le major Joannès. Enfin vers dix heures, M. le marquis de Montcalm, voyant l'ennemi se grossir de plus en plus et quelques pièces de canon qui tiraient, jugea à propos de ne pas leur laisser le temps de se fortifier davantage et donna le signal pour charger l'ennemi. Les troupes s'élancèrent avec beaucoup de légèreté ainsi que les Canadiens. »

Malheureusement les canons anglais écrasèrent de leur feu les miliciens du Canada qui formaient la droite de l'armée française. Ces braves gens, excellents soldats quand ils se battaient dans les forêts de la Nouvelle France et derrière les remparts de leurs villes, n'étaient pas armés ni organisés de manière à tenir tête en rase campagne à des troupes régulières, supérieures en nombre. D'ailleurs ils n'étaient armés, comme nous l'avons dit, que de fusils de chasse dont beaucoup étaient en mauvais état. Ils plièrent sous le feu des Anglais, la confusion se mit parmi eux. Ils se réfugièrent, pour pouvoir reformer leurs rangs, derrière un petit bouquet de bois situé à quelque distance.

Les cinq bataillons de soldats de l'armée régulière, que commandait Montcalm et qui composaient l'aile gauche, se trouvèrent isolés et pour ainsi dire en l'air, par suite de la retraite des miliciens du Canada. C'est le moment psychologique de la bataille. Wolff le comprend : il accable les bataillons français sous quatre décharges successives et s'élance à la tête des Anglais pour charger à la baïonnette. Une mêlée furieuse s'engage. On se bat homme contre homme, poitrine contre poitrine. Ce n'est plus un combat, c'est un égorgement. Wolff est frappé de trois balles ; l'une lui brise le poignet ; les deux autres entrent dans la poitrine. De son côté Montcalm reçoit cinq blessures : En le voyant chanceler sur son cheval, ses soldats découragés se replièrent. Wolff, au moment où ses yeux se voilaient des ombres de la mort, vit les Français reculer : « Ils fuient, dit-il, je meurs content. »

Montcalm, que ses grenadiers avaient entraîné, rentra à cheval dans Québec, perdant tout son sang par ses cinq blessures. Celle qu'il avait reçue dans les reins, en essayant de rallier ses soldats sous le feu, était mortelle. Avant d'expirer il trouva la force de prendre la plume pour demander à Wolff, qu'il croyait encore vivant, de traiter les Canadiens avec humanité : « Général, lui écrivit-il, l'humanité des Anglais me rassure sur le sort des prisonniers français et sur celui des Canadiens. Ayez pour ceux-ci les sentiments qu'ils m'avaient inspirés. Qu'ils ne s'aperçoivent pas d'avoir changé de maître. Je fus leur père, soyez leur protecteur. » Il mourut deux heures après Wolff. La plaine d'Abraham avait, dans cette journée du 14 septembre, bu largement le sang gaulois comme le sang anglo-saxon. Deux mille hommes étaient restés de part et d'autre sur le champ de bataille, et parmi eux, outre les deux généraux en chef, presque tous les officiers supérieurs anglais et français.

Montcalm fut enseveli dans l'église du couvent des Ursulines, la seule église de Québec qui ne fût qu'à moitié détruite par les projectiles lancés pendant deux mois par la flotte anglaise. Son corps fut déposé dans l'excavation formée par l'explosion d'une bombe anglaise. Sa tête fut conservée dans une châsse.

VUE DE QUÉBEC AU XVIIe SIÈCLE.

Le gouvernement de Louis XV ne songea point à honorer la mémoire de Montcalm en faisant transpor-

MONUMENT DE WOLFF ET DE MONTCALM

ter ses cendres en France. Les fêtes de Versailles le préoccupaient beaucoup plus que les faits d'armes dont le Canada avait été le théâtre. En revanche, le peuple du Canada et les *sauvages* des Grands-Lacs et des bords de l'Ohio gardèrent religieusement le souvenir du héros français qui avait excité leur admiration par son courage et son génie, et qui s'était attiré leur amour par sa générosité et par la bonté de son cœur. Au moment de la guerre d'Amérique, quand les troupes françaises se présentèrent dans le Nouveau-Monde pour délivrer de la domination britannique les compatriotes de Washington, elles reçurent des témoignages d'attachement de plusieurs hordes de sauvages. Ces peuplades de Peaux-Rouges connaissaient toutes l'histoire de Montcalm et demandaient aux officiers français des nouvelles de la famille du « grand chef » tombé dans les champs d'Abraham en défendant Québec : « Si son fils n'a point de service, disaient-ils, nous le mettrons à notre tête. » Il y avait alors vingt ans que Montcalm était mort. Quoi de plus frappant que ce témoignage d'admiration et de respect pour la mémoire du général français venant de ces Indiens aux mœurs primitives ?

En 1827, le comte de Dalhousie, gouverneur des possessions anglaises dans l'Amérique septentrionale, eut la noble idée de bâtir un monument en l'honneur de Montcalm et de Wolff, ces deux vaillants soldats qui avaient vécu de la même vie et qui, en combattant l'un contre l'autre, avaient été frappés de la même mort. Il convoqua au château Saint-Louis, à Québec, une assemblée des notables de la ville, qui nomma un comité chargé d'accomplir l'œuvre qu'il avait méditée. Bientôt après le monument fut construit. C'est un obélisque de pierre de vingt-deux mètres de hauteur qui s'élève dans le jardin public de Québec, dominant toute la rade. Sur la façade principale, on lit cette inscription : « Leur valeur a

MONUMENT DE MONTCALM CHEZ LES URSULINES

causé leur mort ; l'histoire les a entourés d'une même renommée ; la postérité leur a donné ce monument. *Mortem virtus, Communem famam historia; Monumentum posteritas dedit.* Et sur les deux faces latérales sont écrits les noms des deux illustres guerriers. MONTCALM WOLFF. *Manibus date lilia plenis* comme disait ce dernier quelques heures avant de mourir, le matin du 17 septembre 1759.

Plus tard, en 1831, on grava dans l'église des Ursulines au-dessus de l'endroit où avaient été déposés les restes de Montcalm, cette épitaphe : « Honneur à Montcalm. Le destin en le privant de la victoire l'a récompensé par une mort glorieuse. »

Dans le Canada tout entier, le nom de Montcalm est aussi connu et plus universellement respecté que l'est chez nous le nom des plus populaires parmi nos généraux de la première République et du premier Empire. Montcalm est la gloire du Canada, comme Washington a été la gloire des Etats-Unis d'Amérique.

CHAPITRE VIII

LA DERNIÈRE CAMPAGNE DE L'ARMÉE DU CANADA. — LÉVIS ET LA BATAILLE D'ABRAHAM — PRISE DE MONTRÉAL PAR LES ANGLAIS ET SOUMISSION COMPLÈTE DU CANADA.

La mort de Montcalm ne mit point fin à la guerre du Canada. Québec était ruiné de fond en comble et dans l'impossibilité de se défendre. Le gouverneur, Ramsay fut obligé d'ouvrir aux Anglais les portes de la ville. Mais Montréal était encore debout et il restait dans le Canada des Français en armes. Tout ce qui restait de la petite armée avec laquelle Montcalm avait livré sa dernière bataille dans la plaine d'Abraham se replia du côté du camp de Bougainville, au cap Rouge. Trois mille hommes du corps de Bougainville, trois mille échappés au désastre d'Abraham, tous ces braves gens encore sous le coup de la défaite, isolés du monde entier, sans pain, sans poudre, se voyant cernés par soixante mille Anglais, ne songeaient nullement à mettre bas les armes. Ils ne pensaient qu'à prendre leur revanche, à reconquérir Québec. Ils se réunirent sous le canon du fort Jacques Cartier. C'est dans cette position située à plusieurs lieues du cap Rouge que le chevalier de Lévis vint les rejoindre avec quelques centaines de soldats. M. de

Vaudreuil, le gouverneur du Canada, s'était également réfugié dans le fort Jacques Cartier. Il continua d'exercer ses fonctions et Lévis prit le commandement à la place de Montcalm.

Les Anglais n'essayèrent point de déloger du fort Jacques Cartier les débris de l'armée franco-canadienne. L'hiver approchait. La flotte britannique descendit vers la mer, laissant dans Québec une nombreuse garnison. Lévis, ne pouvant continuer la guerre au milieu des neiges et des glaces, alla prendre ses quartiers d'hiver à Montréal.

A la fin d'avril, dès que le dégel commença, Lévis, laissant deux mille hommes dans Montréal, se dirigea vers Québec avec cinq mille soldats de ligne et Canadiens, dont beaucoup avaient dû remplacer leurs baïonnettes par un couteau emmanché au bout de leur fusil. Les soldats, enfonçant jusqu'aux genoux dans la neige fondante, traînaient à force de bras trois pièces de canon; c'était tout ce qui restait de l'artillerie de campagne de l'armée du Canada. Pendant qu'ils s'acheminaient par la route de terre vers Québec, deux frégates françaises, la *Pomone* et l'*Atalante*, descendaient le Saint-Laurent.

Le 28 avril 1760, la petite armée française, épuisée par le froid, les fatigues et les privations, arriva sous les murs de Québec, dans ces plaines d'Abraham qui avaient été témoins, le 14 septembre 1759, de la défaite et de la mort de Montcalm. Ils trouvèrent devant eux le général anglais Murray, qui les attendait avec 4,500 hommes et vingt-quatre pièces de canon. Les Français chargèrent furieusement et, courant sur les canons ennemis, vinrent massacrer les artilleurs sur leurs pièces. Les Anglais culbutés s'enfuirent,

VUE DE MONTRÉAL

laissant sur le champ de bataille un tiers des leurs et vingt pièces de canon. Succès merveilleux, inespéré, dû à la vieille *furia francese*.

Les Français pouvaient tourner contre la garnison anglaise de Québec les canons qu'ils avaient enlevés à Murray. Malheureusement les munitions leur manquaient. Ils n'avaient que vingt coups à tirer par pièce. Lévis n'en commença pas moins le siège de Québec. La ville, attaquée vigoureusement du côté de la terre par les cinq mille hommes dont disposait le successeur de Montcalm, et du côté du Saint-Laurent par les deux frégates l'*Atalante* et la *Pomone*, allait capituler, quand une flotte anglaise apparut le 15 mai et doubla le Cap-Diamant. Les deux frégates françaises, ayant affaire chacune à cinq vaisseaux ennemis, se jetèrent à la côte. L'*Atalante* brûla sa dernière gargousse et refusa d'amener son pavillon. Quand les Anglais montèrent à bord, ils ne trouvèrent pas un homme de l'équipage français qui fût resté debout: officiers et marins étaient couchés sur le pont, tués ou blessés. — Pourquoi ne nous avez-vous pas répondu quand nous vous avons hêlés? dit un officier anglais au capitaine de l'*Atalante*. — Je vous aurais répondu s'il m'était resté de la poudre, répliqua le marin français.

Ayant perdu le reste de sa flotte et n'ayant plus de munitions, Lévis leva le siège de Québec et se retira, le désespoir dans le cœur, sur Montréal. Le général français pensa un instant à reprendre pour son compte un projet qu'avait formé Montcalm pour le cas où l'invasion anglaise réussirait et où Québec serait pris. La petite armée française, réduite à deux mille soldats, débris de huit régiments, et à deux mille cinq cents Canadiens, se serait retirée sur les grands lacs et de là serait descendue par l'Ohio et le Mississipi sur notre colonie de la Louisiane, où elle aurait continué la lutte. Mais comment exécuter un pareil plan, comment se mettre en route pour un tel voyage, parcourir d'un bout à l'autre tout un continent quand on n'avait plus de munitions, plus de pain? Comme les malheureux Acadiens, chassés de leur pays par les Anglais et dont nous avons raconté l'histoire, les soldats de Lévis seraient morts de faim et de fatigue avant d'arriver au terme de la route. Le général français n'avait pas le droit de faire subir cette nouvelle épreuve à de braves gens qui, certes, avaient largement payé leur dette à la patrie. Il renonça au projet préparé par Montcalm.

Du reste, si l'on avait pu se replier sur la Louisiane et faire en Amérique une nouvelle édition de la fameuse retraite des Dix-Mille, il n'aurait pas fallu perdre une journée, car les Anglais venaient d'envoyer une armée sur le Champlain et une autre sur l'Ontario, pour prendre à revers les derniers défenseurs de la colonie. Lévis apprit bientôt que ces deux corps d'armée détruisaient tous les forts français des grands lacs, qui étaient, hélas! dégarnis de troupes, démunis d'approvisionnements. En même temps, il reçut la nouvelle qu'une flotte portant vingt mille hommes de débarquement et une formidable artillerie, placés sous les ordres de Murray, avait quitté Québec et s'avançait sur Montréal en remontant le Saint-Laurent. Quel moyen de s'opposer à la marche des Anglais? Ils avaient soixante gros navires et nous n'en avions pas un seul; la flotte française du Saint-Laurent se composait de quelques pirogues.

On pouvait compter les étapes de l'armée et de la flotte anglaise par les incendies qui s'allumaient et qui embrasaient les rives du Saint-Laurent. Murray avait reçu du gouvernement britannique les ordres les plus rigoureux et les exécutait à la lettre. Il livrait aux flammes chaque village canadien qui se trouvait sur sa route, et l'on sait qu'à cette époque la plupart des villages canadiens étaient bâtis sur le Saint-Laurent, entre Québec et Montréal. Là, en effet, était le centre de la colonisation française. Le 5 septembre, Murray arriva devant Montréal avec sa flotte de soixante navires et son armée de vingt mille hommes de troupes régulières.

Montréal (autrefois Ville-Marie), fondée en 1642, a été bâtie, comme on le sait, sur la côte méridionale de la grande île de Montréal, presqu'au confluent du fleuve Saint-Laurent et de la rivière des Outaouais. Situation excellente pour les communications avec le lac Ontario, le lac Champlain et l'intérieur du Canada, Montréal, qui a aujourd'hui cent vingt mille habitants, est la tête de la navigation transatlantique et le principal entrepôt du commerce de l'Amérique septentrionale avec la Grande-Bretagne. Mais, en 1760, Montréal était loin d'avoir autant d'importance. Néanmoins, c'était le dernier boulevard du Canada. Fallait-il le défendre? Lévis voulait résister, livrer une dernière bataille aux Anglais et s'ensevelir sous les ruines de la ville. M. de Vaudreuil lui représenta que ce coup de désespoir serait complètement inutile. « Les Anglais, dit le gouverneur, ne nous livreront point bataille. Ils se contenteront de bombarder Montréal. Quel sera l'effet d'un bombardement dans les conditions où nous sommes?

La ville est environnée d'une simple muraille bonne pour se préserver des attaques des Indiens, mais qui s'écroulera au bout de quelques heures sous le feu des Anglais. Elle est pleine de vieillards, de femmes et d'enfants, qui s'y sont réfugiés après les incendies de leurs villages. Devons-nous faire tuer ces malheureux qui ont tant souffert et sont dignes de pitié? Il est évident que, toutes les maisons de Montréal étant en bois, une nuit suffira à l'ennemi pour réduire la ville en cendres. Nous ne pouvons éviter une capitulation. »

Lévis fut obligé de se rendre à ces raisons. M. de Vaudreuil se rendit auprès du généralissime anglais, Amherst, qui était venu rejoindre sous les murs de Montréal le général Murray, et conclut avec lui une capitulation qui a été le véritable traité de cession du Canada à l'Angleterre. On obtint pour les Canadiens le libre exercice de la religion catholique et la paisible disposition de leurs biens. Mais les troupes durent mettre bas les armes, et il fut stipulé qu'elles ne serviraient plus pendant toute la durée de la guerre. Des vaisseaux anglais ramenèrent en France les fonctionnaires du Canada et les deux mille braves soldats qui avaient servi sous les ordres de Montcalm, de Bougainville et de Lévis.

Trois ans après la capitulation de Montréal, en 1763, Louis XV signa le honteux traité de Paris, par lequel il cédait à l'Angleterre, outre le Canada et l'île du Cap-Breton, toute la rive gauche du Mississipi, moins la ville de la Nouvelle-Orléans.

C'est ainsi que la magnifique colonie du Canada devint une possession anglaise, après avoir appartenu à la France pendant plus de deux siècles.

CHAPITRE IX

L'ADMINISTRATION DU CANADA SOUS LA DOMINATION FRANÇAISE. — SITUATION PRÉPONDÉRANTE DES GRANDS PROPRIÉTAIRES TERRITORIAUX. — LES DOMAINES ECCLÉSIASTIQUES. — INFÉRIORITÉ DE L'AGRICULTURE.

Il faut bien le dire, la période de la domination française dans le Canada dont nous venons de retracer l'histoire, et qui finit avec la prise de Montréal et la conclusion du traité de Paris, ne fut pas très prospère. La colonie se développa lentement. Ses habitants avaient pour eux le courage, le goût des aventures, une immense activité de corps et d'esprit. Mais ils étaient peu nombreux et comme perdus dans ces vastes terres de l'Amérique septentrionale, qu'ils parcouraient en trafiquants et en chasseurs. Pendant que leurs rivaux, les Anglo-Américains, fondaient là où ils s'établissaient des villages qui depuis sont devenus d'opulentes cités, eux étaient obligés de semer de distance en distance de simples postes qu'on appelait forteresses, mais qui n'étaient le plus souvent qu'une enceinte palissadée.

Les colons canadiens d'ailleurs eurent, comme nous l'avons vu précédemment, à soutenir de longues luttes, d'abord contre les premiers possesseurs du sol, les Indiens, ensuite contre les Anglais. Il fallait toujours se tenir sur ses gardes, se préserver des embuscades, avoir le fusil à la main. La guerre détournait les habitants de la Nouvelle-France des travaux agricoles. Ils ne pouvaient s'occuper que de commerce. Lançant sur le Saint-Laurent, qui forme au milieu de son cours les chutes du Niagara, sur les rivières qui se jettent dans le grand fleuve, sur les lacs aux flots profonds et limpides leurs légers canots, ils allaient faire des découvertes, explorer des provinces, nouer des relations avec les tribus de *sauvages*, leur acheter des pelleteries. Dans ces expéditions, il fallait toujours avoir le couteau à la ceinture, le fusil sur l'épaule. Une pareille existence forme des hommes robustes et qu'aucun danger n'effraie. Mais il faut autre chose pour faire une colonie dans la véritable acception du mot. Le Canada, malgré son admirable réseau de voies navigables, ses immenses étendues de bonnes terres et ses superbes forêts, ne fut pas, sous la domination française, un pays de production; loin de là, il était obligé de tirer de la France une partie de sa subsistance.

Cependant ce sont moins encore les tendances des colons canadiens que celles du régime auquel la France était soumise au dix-septième et au dix-huitième siècles qu'il faut rendre responsables du demi-insuccès de notre colonisation dans le bassin du Saint-Laurent. Une colonie ne se développe que par la liberté ; or, la monarchie avait multiplié, dans l'ordre commercial et agricole, comme dans l'ordre politique et administratif, les liens qui enserraient le Canada. Le monopole du commerce resta pendant très longtemps entre les mains d'une Compagnie, la

CHUTES DU NIAGARA.

Compagnie du Canada. La Compagnie faisait venir de France des marchandises qu'elle vendait aux colons ; ceux-ci, de leur côté, ne pouvaient vendre leurs pelleteries qu'aux agents de la compagnie. Il arriva ce qui était facile à prévoir : la Compagnie n'importait au Canada que les produits de qualité inférieure, qu'elle vendait très cher aux colons et aux Indiens, tandis qu'elle ne voulait acheter qu'à bas prix les produits que la colonie pouvait fournir. Ce n'était pas un aiguillon pour l'activité et l'industrie des habitants. Les commerçants canadiens se dégoûtaient du travail et préféraient courir le pays et se consacrer à la chasse et à la guerre. Quant aux Indiens ils prenaient l'habitude de trafiquer avec les Anglais, qui leur faisaient des conditions meilleures que la Compagnie. Le Canada ne commença à étendre son commerce que lorsque la Compagnie eût été dissoute, en 1721, après la chute de Law et la débâcle de la fameuse affaire du Mississipi, l'*Union générale* du dix-huitième siècle.

Le défaut de libertés provinciales et municipales dans notre ancienne colonie du Canada était complet. C'étaient les intendants qui gouvernaient et administraient, et l'on a pu voir par l'exemple de Bigot, dont nous avons parlé dans les pages précédentes, que leur administration non seulement était oppressive, mais en outre n'était pas toujours honnête. Quand Bigot rentra en France, après la reddition de Montréal, le conseil d'Etat rendit un arrêt pour constituer, sous la présidence du préfet de police, M. de Sartines, une commission de magistrats ayant mission de juger les auteurs des prévarications commises au Canada. Bigot et son subdélégué furent bannis à perpétuité et durent restituer douze millions, qu'ils avaient volés pendant leur carrière administrative.

N'exagérons rien : si certains hauts fonctionnaires de l'intendance, tels que Bigot, se rendirent coupables de scandaleuses concussions, il y eut sous l'ancienne monarchie beaucoup de fonctionnaires d'une irréprochable probité et d'une haute intelligence. Il y en eut même qui furent aussi libéraux qu'on pouvait l'être dans ce temps là. Champlain et plusieurs administrateurs formés à son école rendirent dans le Canada d'inappréciables services. Mais ils ne pouvaient corriger les défauts des institutions de l'époque, et ces institutions étaient un obstacle presque invincible aux progrès agricoles et industriels. M. Leroy-Beaulieu dans son livre *De la colonisation* a très bien montré que la monarchie française, en constituant la propriété au Canada sous le régime féodal, a tari la principale source des richesses que promettait la colonie. On sait comment se faisait l'œuvre de la colonisation : on accordait à des gens de noblesse d'immenses étendues de terres pour être possédées à titre de *seigneuries*. Ces terrains, les seigneurs les recédaient le plus souvent par parcelles et *en roture* à des paysans, mais en les grevant de charges et de redevances féodales. Le seigneur qui avait ainsi aliéné sa terre en roture avait droit non-seulement à une rente annuelle, mais encore à une redevance seigneuriale en cas de mutation, vente ou toute autre cause. D'autres institutions du moyen-âge, telles que *le four* et *le moulin banal* avaient été transportées dans la Nouvelle-France.

Les paysans ne se souciaient pas de prendre des terres incultes et de les défricher pour avoir à supporter de pareilles charges. Il ne venait pas d'agriculteurs de France ; des terrains fertiles restaient stériles. Si les classes rurales, en France, avaient pu espérer trouver sur les bords du Saint-Laurent, au lieu de l'oppression qui pesait sur elles dans le territoire métropolitain, l'égalité des conditions, la liberté et la sécurité des propriétés, il est probable qu'un vaste courant d'émigration se serait produit et que le Canada se serait peuplé aussi rapidement que la Nouvelle-Angleterre. Mais pourquoi le paysan français se serait-il expatrié, avec la perspective d'être écrasé dans le Nouveau-Monde, comme il l'était dans l'ancien, par les institutions surannées des droits seigneuriaux, censives, droits de rachat, moulin banal, etc? Comment? Dans un pays dix fois grand comme la France et qui n'avait qu'une population blanche de quelques milliers d'âmes; dans un pays où le gouvernement aurait dû donner pour rien des terres exemptes d'impôts à tous ceux qui avaient deux bras pour travailler, par une aberration étrange on avait tout combiné de manière à mettre des entraves à la constitution de la petite propriété !

Telle était la politique coloniale de la France sous l'ancien régime. Adam Smith a bien vu les causes qui ont arrêté l'extension de l'agriculture dans les dépendances françaises d'outre-mer, quand il a écrit les lignes suivantes : « Dans les colonies de la France, si une partie quelconque d'un bien noble ou tenu à titre de fief est aliénée, elle reste assujettie pendant un certain temps à un droit de rachat ou de retrait, soit envers l'héritier du seigneur, soit envers l'héritier de la famille, et tous les plus gros domaines du pays sont tenus en fief, ce qui gêne nécessairement les aliénations. Or, dans une colonie nouvelle, une grande propriété inculte sera bien plus promptement divisée par la voie de l'aliénation que par celle de la succession. La quantité et le bon marché des terres sont les principales sources de la prospérité rapide des colonies nouvelles. Or, la réunion des terres en grandes propriétés détruit par le fait et cette quantité et ce bon marché. »

Adam Smith mettait le doigt sur la plaie. Il aurait pu opposer à la constitution aristocratique et despotique du Canada, qui n'avait au moment de l'annexion à l'Angleterre qu'une population blanche de 80,000 âmes, l'organisation libérale et démocratique des colonies anglo-américaines, qui à la même époque avaient plus de 1,500,000 habitants. A la différence du Canada, les colonies anglaises de l'Amérique du Nord s'administraient elles-mêmes, au moyen d'assemblées locales, et, sous la surveillance de la métropole, jouissaient toutes d'une très grande liberté, d'une quasi-autonomie ; leur constitution économique ne servit pas moins les progrès de la colonisation que leur constitution politique ; chez les Anglo-Américains, le mode d'appropriation des terres était tout autre que chez les Canadiens. Les substitutions, les majorats, les privilèges et les droits seigneuriaux leur étaient inconnus. Les colons du Massachussets, de la Pensylvanie, de la Virginie ne risquaient point, quand ils défrichaient des terres, de se heurter contre les grands domaines inaliénables et inutiles aux mains de quelques familles de la noblesse. Partout où ils se portaient, ils trouvaient des terres, qu'il leur était loisible d'occuper moyennant une rente annuelle très minime ou un prix excessivement modique une fois payé. On avait bien constitué de grandes propriétés; mais les terres qui en faisaient partie furent vite morcelées. Les Anglo-Américains n'auraient jamais voulu supporter rien qui ressemblât à une organisation féodale de la propriété. Ce n'est pas d'aujourd'hui que la démocratie coule à pleins bords dans le Nouveau-Monde anglo-saxon.

Si la démocratie avait coulé même par de petits ruisseaux, qui plus tard seraient devenus de grandes rivières dans le Nouveau-Monde, peut-être Montcalm, même abandonné par le gouvernement de la métropole, aurait-il trouvé sur le sol même du Canada des éléments de résistance suffisants pour pouvoir repousser l'invasion anglaise.

La constitution féodale de la propriété n'a pas été, d'ailleurs, le seul obstacle aux progrès de la culture, dans notre belle colonie de la Nouvelle-France. Une autre cause a contribué à frapper de stérilité une grande partie des terres du bassin du Saint-Laurent. Nous voulons parler de la grande situation qui y a été faite au clergé. Le roi de France, fils aîné de l'Église, croyait bon de donner la haute main, dans nos colonies, aux ordres monastiques de toute espèce. Les Jésuites surtout étaient très protégés; sous l'impulsion du gouvernement, beaucoup de gens influents s'accoutumèrent à regarder les établissements coloniaux comme un moyen de prosélytisme religieux. On s'intéressa moins au développement du commerce qu'aux conquêtes des missionnaires. On songea bien plutôt à convertir les Indiens au catholicisme qu'à ouvrir de nouveaux débouchés à nos trafiquants. La noblesse française fit de grands sacrifices d'argent pour l'établissement et la dotation de couvents. De là l'extension de la main-morte, qui fut bientôt en possession des meilleures terres. Or, on sait que les biens de main-morte sont une entrave aux progrès de l'agriculture. Le grand nombre des ecclésiastiques établis dans le Canada rendit la dîme plus pesante : or, la dîme, comme tout impôt foncier, arrête le défrichement. On peut donc dire que le grand nombre et la richesse excessive des missionnaires et des congrégations religieuses au Canada ont beaucoup nui au développement de la colonisation. — Nous ne parlons qu'au point de vue agricole. Loin de nous la pensée de nier l'esprit d'entreprise et d'humanité des membres du clergé canadien, qui se sont distingués par leurs vertus et par leur intelligence et qui, au point de vue moral, ont rendu de grands services à la cause de la civilisation dans l'Amérique du Nord.

Tout ce que nous venons de dire sur le régime auquel le Canada était soumis avant la conquête britannique explique pourquoi la colonie a végété et pourquoi les progrès de l'agriculture notamment y ont été beaucoup moins rapides que dans les possessions anglo-américaines. Les Franco-Canadiens se signalèrent, comme nous l'avons vu, par leur courage et leur héroïsme. Mais ces efforts furent dépensés en pure perte. Il aurait été moins glorieux peut-être pour eux, mais à coup sûr plus pratique de défricher le Canada et de le mettre en culture que de semer de forteresses servant de refuge à des soldats et à des chasseurs les immenses régions qui forment les bassins du Saint Laurent et de l'Ohio. Au lieu de parcourir tout le continent nord-américain à la recherche des pelleteries et du gibier, les Français auraient dû, s'ils avaient voulu fonder un établissement solide et durable, faire des routes dans leur colonie du Canada, exploiter les forêts, fonder des villes, cree es marchés. Sous ce dernier rapport, presque tout était encore à faire dans les vastes régions qu'arrose le Saint-Laurent, lorsque la capitulation de Montréal les livra aux Anglais. C'est ainsi que tout concourut à ajouter à l'infériorité de nos dépendances d'Amérique et qu'elles finirent par nous échapper, la vallée de l'Ohio après l'Acadie, la Louisiane après le Canada, sans qu'il nous soit resté un pouce de terre sur ce continent, dont les premiers nous avions fouillé les profondeurs.

CHAPITRE X

L'ADMINISTRATION DU CANADA SOUS LA DOMINATION ANGLAISE. — LIBERTÉS LOCALES. — IMMIGRATION — CONCESSIONS ET VENTES DE TERRES. — AGRICULTURE ET COMMERCE.

Nous devons à la vérité de constater que l'Angleterre a plus fait pour la prospérité matérielle du Canada, pour le libre développement de son agriculture, de son commerce et de son industrie en un siècle, que les Français dans une période de deux cents ans.

Nous avons dit ce qu'était le Canada au moment où, par la conclusion du traité de Paris, en 1763, ce pays devenait définitivement une possession britannique. La population de la Nouvelle-France s'élevait à environ 80,000 âmes. La grande artère navigable de la colonie, le fleuve Saint-Laurent, avait vu s'élever sur ses bords un grand nombre de forteresses, mais seulement trois villes : Québec, Montréal et les Trois-Rivières, peuplée chacune de quelques milliers d'habitants. L'agriculture manquait de bras, et la colonie était obligée de tirer sa nourriture du dehors. Quant au commerce, il était bien faible : les exportations ne dépassaient pas 1,800,000 francs, et les importations atteignaient cinq millions à cause des envois que faisait le gouvernement ! La *Dominion* du Canada renferme une population riche et industrieuse de près de quatre millions d'âmes. D'opulentes cités se sont élevées de toutes parts là où l'on ne voyait, sous la domination française, que des huttes de trappeurs ou des tentes indiennes. La production des céréales est considérable et le commerce entre l'Angleterre et ses colonies du Nord de l'Amérique atteint, importations et exportations comprises, un demi-milliard.

Il nous paraît intéressant d'étudier rapidement la façon dont s'est opérée cette transformation. Le progrès n'a pas été exceptionnellement rapide, mais il a été continu depuis un siècle. Au lieu de chercher à britanniser le Canada, à imposer à la population des fonctionnaires anglais et des lois anglaises, les conquérants accordèrent à leurs nouveaux sujets des libertés civiles et administratives. En 1774, le bill de Québec rendit aux Franco-Canadiens la *coutume de Paris* et établit un conseil législatif pour l'administration des affaires de la colonie. Les communes obtinrent l'indépendance ou la vie locale, qu'on leur avait toujours refusée au temps de l'administration française. En 1791, le gouvernement anglais fit un pas décisif dans la voie qui peu à peu devait amener le Canada à jouir d'une autonomie presque complète. Il fut décidé que le Canada formerait, au point de vue administratif, deux provinces, le Bas-Canada et le Haut-Canada, et que les deux districts auraient l'un et l'autre une représentation législative. Le gouvernement colonial devait se composer d'un gouverneur et de deux chambres : l'une, le conseil législatif, nommée par le roi ; l'autre, l'assemblée représentative, nommée par les habitants. Les bases du suffrage furent établies assez largement pour que chacun pût facilement devenir électeur. Peu de temps après, des constitutions analogues furent octroyées à la Nouvelle-Écosse, au Nouveau-Brunswick et à l'île de Terre-Neuve. Les colons canadiens eurent, comme les Anglais vivant dans la Grande-Bretagne, la liberté de la presse, le droit de réunion et le droit de pétition.

Le gouvernement prit des mesures pour favoriser le rapide peuplement du bassin du Saint-Laurent. Après la séparation de l'Angleterre et des treize colonies qui ont formé le noyau de la puissante confédération des États-Unis de l'Amérique du Nord, un grand nombre d'Américains, qui étaient restés fidèles à la cause de la métropole — ceux qu'on appelait les *loyalistes* — vinrent se réfugier au Canada ; on leur distribua des terres au nord des grands lacs ; on en donna aussi, la paix conclue, aux soldats anglais qui avaient combattu la rébellion ; la part des loyalistes américains, dans la distribution des terres qu'on fit à cette époque, fut de trois millions d'acres ; les soldats et marins anglais ou allemands congédiés après la guerre d'indépendance et qui voulurent se faire laboureurs eurent à se partager plus d'un million d'acres. A la fin de 1815, le gouvernement usa du même procédé qu'après la guerre d'Amérique : il transporta dans le Canada un nombreux contingent d'officiers et de soldats. Plus tard et en cinq ou six fois, les autorités anglaises organisèrent des convois d'émigrants, principalement composés d'Écossais, qu'on transportait gratuitement dans la colonie et auxquels on donnait des terres.

Ces émigrants se fixaient surtout au nord des grands lacs, dans le Haut-Canada, aujourd'hui province d'Ontario. Cette partie du Canada devint ainsi très rapidement anglo-saxonne, tandis que le Bas-Canada, où se trouvent les villes de Québec et de Montréal, est resté profondément français. C'est grâce au courant d'immigration insignifiant dans le Bas-Canada, mais très important dans le Haut-Canada, que le chiffre de la population de cette dernière province est arrivé peu à peu à dépasser celui de l'autre. Lors du traité de Paris, en 1763, sur les 80,000 habitants de la colonie, il y en avait 70,000 dans le Bas-Canada et seulement 10,000 dans le Haut-Canada. En 1848, la population du Bas-Canada était de 750,000 âmes. En 1852, la proportion était renversée : le Haut-Canada prenait le premier rang, avec 950,000 habitants, tandis que le Bas-Canada en avait 900,000. Aujourd'hui la province de Québec compte 1,300,000 âmes, presque tous d'origine latine. La province d'Ontario, enrichie, non-seulement par le travail de ses habitants, mais aussi par l'immigration, a une population de 1,800,000 âmes. Dans les deux provinces réunies, cent vingt ans de bonne administration ont accru la population dans la proportion de 35 pour un.

En ce qui concerne le régime d'appropriation des terres, le gouvernement anglo-canadien suivit tour à tour divers systèmes. Pendant la première période de la domination britannique, jusque vers 1815, on pratiqua surtout le procédé des concessions gratuites, qui étaient conditionnelles et provisoires : le concessionnaire devait prendre possession, dans le délai d'un mois, du lot de terres qui lui était attribué ; il devait mettre en culture au moins douze acres de terrain en quatre ans ; il était tenu de se bâtir une maison d'une dimension de 20 pieds sur 18.

Les colons se plaignirent de ce que ces conditions, qui leur étaient imposées, étaient pour eux une cause de gêne et d'embarras. D'un autre côté, elles nécessitaient de la part du gouvernement une surveillance constante sur les terres données à titre de concessions, et entrainaient par conséquent des frais d'administration considérables. On prit donc le parti de vendre purement et simplement les terres domaniales. Jusqu'en 1850 on les vendit à des prix élevés : 10, 15 et 20 shellings l'acre, c'est-à-dire en monnaie française à 12 fr. 50, 18 fr. 75 et 25 francs l'acre. Ces prix furent successivement réduits ; en 1865, les terres domaniales ne se vendaient plus que de 1 à 5 schellings l'acre (de 1 fr. 25 à 6 fr. 25). Le prix moyen était de 2 shellings.

Comme on craignait de manquer bientôt de terres disponibles, on s'en procura en expropriant la Compagnie de la Baie d'Hudson d'une partie des vastes régions qu'elle occupait et où ses agents ne se consacraient qu'au commerce des pelleteries. On sait que le domaine de la Compagnie se composait des immenses espaces qui s'étendent au nord et à l'est du Canada proprement dit. Le climat de ces contrées est rude, le sol est couvert d'épaisses forêts. On a longtemps cru que ces régions n'étaient pas cultivables et ne pouvaient être utilisées que pour la chasse et le commerce des pelleteries. La Compagnie de la Baie d'Hudson y avait bâti 200 forts, que gardaient 12,000 aventuriers pour la plupart d'origine française, qui se livraient à la chasse et trafiquaient avec les Indiens.

L'expérience montra bientôt que ces régions du nord et du nord-ouest de l'Amérique anglaise si longtemps incultes, étaient non-seulement capables de produire, mais douées d'une admirable fécondité. On commença à en distraire les districts les plus rapprochés du Haut et du Bas-Canada ; dans ces districts, les terres furent distribuées en lots et vendues à bas prix ; les immigrants arrivèrent en foule ; la colonisation s'étendit rapidement et deux nouvelles provinces appelées à un grand avenir surgirent comme par enchantement sur le sol anglo-américain : le Manitoba et le North-West-Territory. Le North-West-Territory est en grande partie inhabitable ; mais il renferme beaucoup de districts fertiles. Le Manitoba produit aujourd'hui de magnifiques récoltes de blé, et sa population, qui était de 10,000 âmes en 1870, atteint actuellement le chiffre de 120,000 habitants.

L'agriculture ayant acquis, grâce à l'administration intelligente de l'Angleterre, non moins qu'à la fertilité du sol et au travail des habitants, un haut degré de prospérité, le Canada eut, ce qui lui faisait absolument défaut sous la domination française, les éléments d'un commerce d'exportation. En même temps, avec l'accroissement de la population et les progrès de la richesse et du bien-être chez les colons, le commerce d'importation se développa dans des proportions considérables. Pour les facilités de communication, le Canada a été favorisé ; il n'y a pas de pays qui possède un plus admirable réseau de voies navigables. De nombreuses et bonnes routes ont été construites ; enfin la puissance du Canada est sillonnée par dix mille kilomètres de voies ferrées, dont la contruction a coûté un milliard et demi. L'Amérique anglaise peut donc rapidement transporter sur toute l'étendue de ses immenses territoires et envoyer au dehors ses produits, qui sont principalement les céréales et les bois de construction et aussi les pelleteries, les poissons, le bœuf salé, le biscuit, le beurre etc. La *Dominion* du Canada peut, sur le cours du Saint-Laurent, construire et lancer les navires qu'elle fabrique avec les bois de ses forêts et qu'elle vend à l'Angleterre. Les principaux objets que le Canada importe sont les tissus, les articles de mode, etc. Le commerce extérieur de la *Dominion* se chiffre par un milliard de francs, et le mouvement de la navigation, entrées et sorties réunies, est de sept millions de tonnes.

Les mesures très libérales qu'a prises l'Angleterre, la complète réforme commerciale, l'abolition de l'acte de navigation, le droit reconnu aux colonies de fixer elles-mêmes souverainement leurs tarifs de douanes, toute cette organisation, conforme aux idées de progrès qui sont l'apanage des sociétés modernes, va permettre à l'Amérique anglaise de se livrer à l'industrie. La colonie est plus tranquille, plus libre et plus prospère que jamais, et son champ d'expansion est illimité. L'espace et les éléments de production manqueront aux Etats-Unis avant de manquer au Canada. La *Dominion* a une étendue totale de 3,412,490 milles carrés et possède assez de terres fertiles pour nourrir une population six fois plus nombreuse que celle de la France. Et elle n'a encore que quatre millions d'habitants, des rives de l'Atlantique à celles du Pacifique, des bords des grands lacs aux contours de la baie d'Hudson.

Telle qu'elle a été constituée, le 1er juillet 1867, la puissance du Canada (Dominion of Canada) ne comprenait que les provinces d'Ontario et de Québec (Haut-Canada et Bas-Canada), le Nouveau-Brunswik et la Nouvelle-Ecosse ; c'était une surface de 350,000 milles

CASTOR DU CANADA

carrés. L'annexion en juillet 1870, du Manitoba y ajouta 14,000 milles carrés; celle du North-West-Territory, 2,500,000 milles carrés, dont 500,000 au moins pourront successivement être livrés à la culture. En juillet 1871, le *Dominion* s'enrichit de la Colombie britannique et de l'île de Vancouver. En 1873, on y joignit l'île du Prince-Edouard. La Colombie a 300, 000 milles carrés de superficie; l'île du Prince-Edouard, 2,100.

En 1878 le revenu public du *Dominion* montait à 117 millions de francs et la dette publique atteignait sept cent cinquante millions en capital. Le budget est principalement entretenu par les droits de douane.

On peut trouver fâcheux que le Canada soit grevé d'une dette qui absorbe une très grande partie de son revenu. Mais il faut considérer que les emprunts qui ont été faits ont été consacrés à des travaux publics : canaux, chemins de fer, etc., qui ont donné une très vive impulsion au commerce. Le pays peut d'autant plus facilement payer les intérêts de ses dettes qu'il n'a pas de charges militaires à supporter.

En disant que la puissance du Canada renferme une population de quatre millions d'âmes, nous n'avons entendu parler que de la population blanche; nous n'avons pas tenu compte des Indiens, qui errent presque tous dans les immenses terrains de chasse et de pêche qui s'étendent autour de la baie d'Hudson. Il serait impossible d'en faire le dénombrement. Du reste, les Peaux-Rouges disparaissent au contact de la civilisation, et on peut prévoir le moment où il ne restera plus un rejeton de cette race infortunée. Leur dégénérescence tient à une loi mystérieuse de la nature qui fait qu'une population inférieure succombe devant une population mieux constituée, au point de vue physique comme au point de vue intellectuel. On ne peut pas accuser les Canadiens de chercher à se débarrasser des débris des pleuplades sauvages, comme l'ont fait trop souvent leurs voisins des Etats-Unis par des moyens violents. Au contraire, ils les ont toujours traités avec humanité depuis que la conquête de l'Amérique du Nord est devenue définitive et que les Peaux-Rouges ont cessé de résister, les armes à la main, aux *visages pâles*.

CHAPITRE XI

LE SAINT-LAURENT. — QUÉBEC. — MONTRÉAL. — LES BATELIERS DE L'OTTAWA. — LA RÉGION DES GRANDS LACS. — LES MÉTIS. — LE NORD-OUEST.

Si le *Dominion* du Canada a pris une grande extension et a conquis à la vie civilisée des territoires destinés à arriver dans l'avenir à un haut degré de prospérité, tels que le Manitoba, le cœur de la colonie est toujours le pays que les Français ont tout d'abord colonisé, c'est-à-dire le bassin du Saint-Laurent.

On peut dire que le Saint-Laurent est un fleuve unique au monde par l'énorme volume de ses eaux. Il commence en réalité au lac Supérieur, qui, ayant une longueur de cinq cents kilomètres sur une largeur de deux cent cinquante kilomètres, peut être considéré comme une véritable mer. Du lac Supérieur il tombe dans le lac Huron par le canal de Sainte-Marie. En quittant le lac Huron, dans lequel il a versé ses eaux, il prend le titre de rivière Sainte-Claire. Puis il s'avance vers le lac Érié, et s'appelle le détroit. Au sortir du lac Érié. il se jette avec le nom de rivière du Niagara, dans le lac Ontario. Ce n'est qu'à partir du lac Ontario qu'il cesse de contribuer à former de grands lacs et qu'il prend le nom de Saint-Laurent. Du lac Ontario au cap Chat, il mesure une longueur de mille kilomètres. Son lit a une largeur très variable, mais presque partout considérable, puisque ce superbe fleuve charrie à l'Océan les eaux de cinq lacs immenses, les lacs Supérieur, Michigan, Huron, Érié, Ontario, et qu'en outre il reçoit dans son cours les eaux de grandes rivières, telles que le Richelieu, le Saint-François, la Chaudière, ses affluents de droite, l'Ottawa, le Seguanay, le Saint-Maurice, ses affluents de gauche. Au cap Chat, la largeur du Saint-Laurent est de quarante milles. Si l'on place la source du Saint-Laurent au-delà du lac Supérieur, au fleuve Saint-Louis, sa longueur totale est de sept cents lieues.

La marée se fait sentir depuis le golfe du Saint-Laurent jusqu' à trente lieues au-dessus de Québec. Depuis la fin de décembre jusqu'au mois d'avril, la navigation est interrompue, le fleuve étant couvert de glaces assez épaisses pour porter les voitures les plus pesantes. Les plus gros vaisseaux peuvent, en temps ordinaire, remonter au-delà du cap Tourmente et de la grande île d'Orléans jusqu'à Québec. Les bâtiments de deux mille tonneaux vont jusqu'à Montréal.

L'île d'Orléans, qui est à un peu plus de trois milles en avant de Québec, a une longueur de sept milles et une largeur de cinq milles, et se divise en cinq paroisses ; Québec apparaît sur le penchant du promontoire appelé Cap-Diamant, sur la rive gauche du Saint-Laurent. Peu de villes, dit avec raison M. Marmier, offrent au voyageur autant d'étranges contrastes : ville de guerre et de commerce, ville du continent américain peuplée de Français et ayant un gouvernement anglais ; ville du moyen-âge par certaines de ses institutions et des temps modernes par le système représentatif qui la régit ; ville d'Europe par sa civilisation et touchant aux contrées sauvages où errent les tribus indiennes ; ville où le catholicisme fleurit à côté du protestantisme, et où l'on vit libre au milieu des vestiges d'une organisation féodale.

Québec a soixante mille habitants d'après le dernier recensement. La ville est divisée en deux parties : ville haute et ville basse. Dans la première, sont les grands hôtels, les magasins de luxe, les maisons des capitalistes, des banquiers, des fonctionnaires qui, au Canada, ont en général de beaux traitements ; dans la seconde, vivent des ouvriers, des petits marchands et une nombreuse population de marins. Autant les rues sont larges et régulières dans la ville haute, autant elles sont tortueuses et étroites dans la ville basse. En dehors des remparts, s'étendent de grands faubourgs, le faubourg Saint-Roch, le faubourg Saint-Jean. La citadelle est un édifice des plus imposants. De l'emplacement autrefois occupé par le fort Saint-Louis, on aperçoit un magnifique panorama, à gauche ; on voit la large rivière Saint-Charles se dérouler dans la direction du Saint-Laurent et y verser ses eaux ; plus loin se trouve le village de Beauport où Montcalm avait établi son camp en 1759 pour couvrir Québec. En face, sur la rive droite du Saint-Laurent, est la ville de Lévis, qui a une population de sept mille habitants. De tous côtés le fleuve est couvert de chaloupes, de goëlettes, de trois-mâts et de bateaux à vapeur.

En remontant le fleuve, on dépasse le cap Rouge et la rivière de Jacques-Cartier. Puis on se trouve en face de la ville des Trois-Rivières, qui est après Québec la plus ancienne du pays. La ville des Trois-Rivières est située sur la rive nord du fleuve, à l'embouchure du Saint-Maurice, qui se jette dans le Saint-Laurent par trois bouches, circonstance qui a valu à la ville le nom qu'elle porte ; elle a huit mille habitants. Elle possède une fonderie, où l'on emploie le fer des mines de Saint-Maurice, situées à trois lieues de là.

Plus loin encore, à la hauteur des îles Richelieu, le Richelieu se jette dans le fleuve Saint-Laurent sur la rive droite. Le canal Chambly et les autres travaux exécutés sur le Richelieu font communiquer le Saint-Laurent avec le vaste lac Champlain, dans le sud du pays, et par suite Montréal et Québec avec New-York, la grande cité des Etats-Unis. La rivière Saint-Frédéric fait communiquer le lac Champlain avec le lac Saint-Sacrement. Là se trouvent les restes du fort Carillon. On se rappelle que c'est là que Montcalm remporta une de ses plus glorieuses victoires.

Au delà de l'endroit où les flots de la rivière de Richelieu se mêlent à ceux du Saint-Laurent, on voit s'étendre sur onze lieues de long et cinq de large l'île de Montréal. L'île est enserrée par les eaux du Saint-Laurent et celles de la grande rivière des Outaouait ou de l'Ottawa. La ville de Montréal fondée en 1642 sur la côte méridionale de l'île, a aujourd'hui près de 120,000 habitants. Montréal est la ville la plus peuplée et la plus commerçante en même temps de l'Amérique anglaise. Elle doit sa grande prospérité, qui a dépassé de beaucoup celle de Québec, à sa situation centrale entre le Haut-Canada et le Bas-Canada, à la facilité de ses communications avec le lac Ontario, les bords de l'Ottawa, le lac Champlain, à la puissance de production des districts agricoles qui l'entourent, et

VUE DE QUÉBEC MODERNE.

aussi, il faut bien le dire, à l'esprit industrieux de ses habitants. L'élément anglo-saxon est plus puissant et encore plus riche à Montréal qu'à Québec. La cité est plus animée et plus élégante. Elle est, il est vrai, moins pittoresque. On n'y trouve pas, comme dans la capitale de l'ancien Canada français, des rues capricieusement dessinées. Montréal est tracé à la règle du cordeau ; ses rues sont en droite ligne, bordées de maisons édifiées en belle pierre grise tirée des superbes carrières de la montagne de Montréal. Le perron est en général haut de quelques gradins, la porte extérieure est vernissée, le marteau est en cuivre poli, les persiennes peintes en vert.

Montréal a non seulement une foule de puissantes maisons de commerce, mais aussi beaucoup d'établissements de bienfaisance et d'édifices religieux. Les fidèles des différents cultes, catholique, épiscopal, presbytérien, ont donné à leurs ministres de larges subventions pour la construction de temples et d'églises. De tous côtés on voit briller des flèches de clochers.

Montréal prend de jour en jour plus d'extension et déborde sur l'île. En dehors de la ville elle-même, il y a toute une autre ville qui s'étend sur la côte de l'île en face de l'Ottawa, ou qui s'accroche aux flancs de la montagne. Les maisons rustiques, mais confortables des laboureurs se mêlent aux superbes et vastes cottages des négociants et des rentiers. Montréal est le New-York ou le Londres de l'empire canadien.

Si nous remontons la magnifique rivière de l'Ottawa qui coule du nord-ouest au sud-est vers le Saint-Laurent sur une longueur de 1,000 kilomètres, nous trouvons sur la rive droite du fleuve à 125 kilomètres de Montréal la ville d'Ottawa, siège du gouvernement du *Dominion* depuis 1859. Ottawa a 15,000 habitants et communique avec l'Ontario par le canal Rideau. Ottawa est une ville toute récente; et ce sont les Anglais qui ont défriché et livré à la culture les bords de la rivière qui a donné son nom à la capitale du Canada.

Sous la domination française et même pendant les commencements de la domination anglaise, la région de l'Ottawa n'a été exploitée que par la compagnie de la Baie d'Hudson, pour le commerce des pelleteries. Des voyageurs canadiens enrôlés par l'*honorable Compagnie* partaient chaque année de Montréal à la fonte des neiges, montés sur de légers canots en écorce chargés d'ustensiles en fer, de tabac, d'eau-de-vie et autres denrées. Pour ces expéditions ils adoptaient le costume des Indiens. Ils s'en allaient gaîment à des centaines de lieues de distance par les lacs, par les rivières, par les sentiers les plus impraticables, hâlant leur bateau à terre et le chargeant sur leurs épaules quand ils ne trouvaient plus de voies navigables. Au bout de six mois, un an, et parfois davantage, ils revenaient, rapportant à Montréal et à Québec d'abondantes cargaisons de fourrures achetées aux Indiens. Beaucoup de ces hardis bateliers, après avoir parcouru l'Ottawa, le Saguenay et les Grands Lacs, se faisaient chasseurs. Ceux-là donnèrent naissance, par leurs unions avec des femmes indiennes, à une vigoureuse population de métis ou de sangs-mêlés.

Les bateliers qui se livrent au commerce des fourrures sont toujours nombreux sur tout le cours de l'Ottawa; mais, au lieu de voyager au milieu de la solitude, ils voient pendant un long parcours, sur les deux rives, des défrichements, des champs cultivés, des villages. Le Canada monte de plus en plus vers le nord et vers l'ouest. Ce n'est plus à Québec, ce n'est plus à Montréal, c'est sur la rivière Ottawa qu'est son centre de gravité.

En allant sur le Saint-Laurent dans la direction du lac Ontario, on arrive à Kingston, qui, située à l'extrémité nord-ouest du lac, a une population de près de 20,000 habitants, avec un port et de vastes chantiers de construction. Kingston a été bâtie sur l'emplacement de l'ancien fort français de Frontenac. Non loin de Kingston est le lac des Mille-Iles, qui présente un des points de vue les plus pittoresques du Nouveau-Monde. Sur un espace de douze lieues de longueur sur trois de largeur, le lac est couvert de petites îles affectant les formes les plus diverses, présentant les aspects les plus variés : ici des mamelons couverts d'une corbeille de fleurs, là des plaines plates semées de gazon verdoyant, des bouquets d'arbres émergeant au milieu des flots, des rochers se reflétant dans une eau limpide et transparente : tel est le spectacle qui charme les yeux du touriste qui, en sortant du Saint-Laurent, entre dans le lac Ontario.

De l'autre côté du lac Ontario, au nord-ouest du lac, faisant vis-à-vis à Kingston, se trouve Toronto, ville de 60,000 habitants avec un bon port. Toronto, est le centre du commerce de pelleteries de toute la région des Grands Lacs.

Au delà des Grands Lacs s'élève une ville, qui n'était qu'un hameau en 1870, qui aujourd'hui a 12,000 habitants et qui grandit avec la même rapidité que San-Francisco ou Chicago aux Etats-Unis : nous voulons parler de Winipeg, la capitale du Manitoba et en réalité de tout le *Far-west* canadien. Le Manitoba est peuplé de 100,000 habitants, et ses terres sont d'une fertilité merveilleuse. Ce sont ces coureurs des bois dont nous parlions plus haut qui explorèrent le Manitoba et le firent connaître. Ces colons d'origine française, unis à des femmes indiennes, ont formé, comme nous l'avons expliqué, une vigoureuse race de métis. Quand on procéda à l'érection du Manitoba en province, les métis canadiens habitués à une vie absolument indépendante voulurent se révolter contre le *Dominion* et se constituer en république. Mais ils échouèrent autant à cause de leur défaut d'organisation que de la supériorité des forces envoyées contre eux.

La vie des prairies continue à exercer sur eux son attraction irrésistible. A mesure que les colons se multiplient au Manitoba, beaucoup de métis vont chercher la liberté dans les vastes espaces du Nord-Ouest, qui n'est pas encore érigé en province, qui n'est qu'un territoire. Ils forment les sept huitièmes de la population du territoire immense du Nord-Ouest. Ces métis sont tous issus de croisements entre des Canadiens français et des femmes Peaux-Rouges. Le nombre des métis anglo-indiens est excessivement réduit, si toutefois il en existe : l'Anglais ne se mêle pas, comme le Français, aux races inférieures ; il les extermine ou les refoule devant lui. D'ailleurs, quand il émigre, il emmène avec lui toute une famille au grand complet. Le Français qui s'expatrie, au contraire, est presque toujours célibataire et il ne répugne nullement à se créer une famille là où sa vie aventureuse l'a conduit. C'est pour cela que la colonisation

VUE DE LA RIVIÈRE DE SAINTE-CLAIRE.

française est beaucoup plus propre à l'amélioration et à la moralisation des races indigènes que la colonisation anglo-saxonne ou germanique.

Ces métis franco-indiens dont nous venons de parler sont dans le Nord-Ouest, après l'avoir été dans le Manitoba, les plus robustes et les plus intelligents pionniers de la civilisation canadienne. Le champ ouvert à leur activité est, pour ainsi dire, sans limites. Dans le Nord-Ouest, le colon, au lieu de trouver un sol couvert de bois, comme dans le Canada proprement dit, est généralement en pleine prairie. Il y a cependant dans les vallées de riches massifs forestiers. Les gisements de houille sont abondants. Même en faisant la part fort large aux terres glaciales ou seulement très froides, où l'agriculture est impossible, il reste encore au Nord-Ouest au moins cent millions d'hectares éminemment propres à la production des céréales et à l'élevage en grand du bétail; cent millions d'hectares de forêts; trois cents millions d'hectares de territoires de chasse; un domaine, en un mot, dix fois grand comme la France et pouvant nourrir une population deux ou trois fois aussi nombreuse.

L'accès de cette magnifique région va être facilitée par la construction du Transcontinental canadien, qui va être achevé dans dix ans. Le Transcontinental canadien reliera le Pacifique à l'Atlantique. La première section construite sera celle qui relie le lac Nipissing, sur les frontières des provinces de Québec et d'Ontario, au lac Supérieur.

CHAPITRE XII

LA RIVIÈRE SAGUENAY ET LE LAC SAINT-JEAN. — HALIFAX. — LES FRANÇAIS CANADIENS. — L'AVENIR DU CANADA.

Ce n'est pas seulement l'immense territoire du Nord-Ouest qui offre des ressources au Canada pour le développement de sa colonisation ; dans la province même de Québec, il y a encore, particulièrement sur les bords du Saguenay, un champ d'exploitation fécond ouvert à l'activité des explorateurs ; là encore les terres vierges ne manquent pas et ne demandent que des bras pour les cultiver.

La colonisation du Saguenay, comme celle de l'Ottawa et du Nord-Ouest, a commencé il y a environ trente ans.

La région de la rivière Saguenay et du lac Saint-Jean embrasse un espace très vaste dans le nord-est de la province de [Québec. C'est d'abord un massif de montagnes escarpées, qui viennent border à pic la rive nord du Saint-Laurent et au milieu desquelles une large déchirure donne passage à la rivière Saguenay, qui apporte au Saint-Laurent les eaux de la contrée située entre les montagnes du Labrador et le bassin de la baie d'Hudson.

Le bassin du Saguenay est couvert d'épaisses forêts jusqu'à une hauteur de 57 milles. Sous la domination française, on considérait ce pays comme impénétrable. Le roi de France s'en était réservé la possession et le donnait à ferme à une compagnie, qui faisait renouveler son bail tous les vingt et un ans. Cette compagnie subsista après la cession du Canada à l'Angleterre; elle se consacrait au commerce du bois; elle avait le droit exclusif de couper les bois d'œuvres, pins et sapins, moyennant une redevance de 10 cents par billot de 12 pieds.

Mais les ouvriers que la compagnie employait dans ses chantiers découvrirent derrière ces forêts épaisses toute une région propre à la culture : c'est l'immense plateau qui entoure le lac Saint-Jean. Là, s'étendent quatre millions d'acres de terres labourables arrosées par cinq rivières, qui se jettent dans le lac. Ce sont des terres calcaires, excellentes pour la production des céréales.

En 1847, une Société par actions se fonda pour le défrichement de cette région. Des chemins furent ouverts à travers les profondes forêts qui bordent le Saguenay. On pénétra dans le bassin du lac Saint-Jean. Des défrichements furent faits, le sol fut mis en culture ; des paroisses se fondèrent et aujourd'hui cette partie du Bas-Canada, inconnue et déserte il y a trente ans, contient une population agricole de plus de trente mille âmes.

C'est ainsi que le patrimoine productif de la nationalité canadienne s'étend de plus en plus vers le Nord, de l'Atlantique au Pacifique, du bassin du Saint-Laurent et des Grands Lacs aux contours de la baie d'Hudson. Partout, dans le Saguenay, dans l'Ottawa et dans les prairies du Nord-Ouest, la colonisation se fait bien plutôt à l'aide d'éléments français que d'éléments anglo-saxons. Ainsi notre race exerce une action dominante dans toute cette partie du *Dominion*, où se porte le mouvement d'expansion de la civilisation canadienne. Toute la province de Québec est énergiquement française et celle d'Ontario, qui passe pour absolument anglaise, renferme 80,000 Canadiens-français. Il y a dans le *Dominion of Canada* deux millions d'hommes d'origine latine. Les éléments français et anglais vivent à côté l'un de l'autre sans fusionner. Les haines datant des luttes du dix-huitième siècle, dont nous avons raconté l'histoire, sont éteintes dans le bassin du Saint-Laurent. Elles ne subsistent même plus dans cette Acadie dont les Anglais ont traité si cruellement, en 1755, la population française. Les descendants des malheureux Acadiens que les Anglais expulsèrent jadis, sont peu à peu revenus sur les terres de leurs ancêtres. Les Français comptent pour un septième dans la population des trois provinces maritimes, le Nouveau-Brunswick, la Nouvelle-Écosse, l'île du Prince-Édouard, qui atteint au total le chiffre de 900,000 âmes.

Halifax est la métropole des provinces maritimes du Canada, comme Montréal est la métropole du bassin du Saint-Laurent. Halifax est le chef-lieu de la Nouvelle-Écosse. Elle a environ 30,000 habitants. Son port, qui s'ouvre sur la baie de Chebuctoo, peut abriter mille navires. La passe par laquelle les bâtiments entrent dans le port est extraordinairement facile. A son embouchure, une île très large fait l'effet d'un brise-lames contre les vagues de l'Atlantique. A l'Ouest de cette île, un banc indiqué par un phare se dirige vers le continent, laissant un chenal très profond pour pénétrer dans le port.

Halifax est pour les Anglais ce qu'étaient autrefois Louisbourg et Québec pour les Français : une forte-

LA GALISSONNIÈRE.

resse redoutable en même temps qu'une ville de commerce. Cette cité est protégée par le fort de York-Redoubt, qui est armé d'une formidable artillerie. De tous côtés, sur les rives escarpées qui défendent l'ap. proche de la ville, les Anglais ont établi des batteries. La citadelle s'élève à 250 pieds au-dessus de la ville,et deux régiments de ligne, sans compter les troupes de l'artillerie et du génie, sont en garnison d'une manière constante à Halifax. C'est pour les Anglais le Gibraltar du Nouveau-Monde. La Nouvelle-Écosse est bien cultivée et abonde en ravissants paysages. C'est là qu'est la vallée d'Annapolis, où, pour nous servir d'une expression de Joseph Howe, « vous pouvez chevaucher pendant 50 milles sous un berceau de pommiers en fleurs ». La Nouvelle-Écosse a une superficie de 21,700 mètres carrés ; le Nouveau-Brunswick en a 27,300 et l'île du Prince-Édouard en a un peu plus de 2,000.

Les deux dernières colonies britanniques de l'Amérique du Nord, la Colombie britannique et l'île de Vancouver, sont encore, on peut dire, à l'état d'enfance. Leur superficie n'est pas exactement connue et leur population, composée d'éléments très divers, s'élève à une cinquantaine de mille âmes. Les provinces maritimes du *Dominion* sur le Pacifique sont évidemment destinées à un grand développement commercial. Mais tout y est encore à faire.

Nous avons décrit, aussi complètement que nous l'a permis le cadre restreint de cet ouvrage, la situation actuelle du *Dominion* du Canada, de ce vaste empire qui est aussi étendu que celui des États-Unis, bien que sa population soit dix fois moins nombreuse. Une partie de l'immense territoire canadien est frappé de stérilité par le froid. Mais les terres cultivables n'en présentent pas moins une immense superficie et sont susceptibles, d'après les calculs les plus modérés, de nourrir plus de cent millions d'hommes. Les moyens de communication naturels sont aussi faciles qu'aux États-Unis, et les moyens de communication artificiels, les chemins de fer, vont y prendre le même développement. C'est une grande nation arrivée maintenant à l'âge viril qui occupe l'espace compris entre l'Atlantique, la baie d'Hudson, le Pacifique et la ligne des lacs américains, c'est-à-dire, en réalité, entre quatre mers.

Le développement de cette nation canadienne doit d'autant plus nous intéresser que c'est la France qui a commencé son éducation et que les éléments français figurent toujours au premier rang dans sa composition. Dans la province de Québec, il y a quatorze cent mille habitants d'origine française, peut-être même davantage, contre à peine cent mille habitants d'origine anglaise, irlandaise ou écossaise. L'Ontario, sur ses 1,850,000 habitants, ne compte que 100,000 Canadiens français ; les provinces maritimes de l'Atlantique en renferment 125,000 sur une population totale de 900,000 âmes. Les deux éléments se partagent le Manitoba. Dans le Nord-Ouest, les colons sont, en majorité, des métis issus des unions des Français du Canada avec des femmes indiennes En résumé, l'élément français doit compter pour 1,700,000 âmes dans la population totale du *Dominion*. La race française, si peu féconde en Europe, est très prolifique au Canada. Dans la province de Québec, les familles de six enfants sont nombreuses, celles de dix enfants ne sont pas rares. Nulle part la transplantation des Français n'a aussi bien réussi que dans cette Amérique du Nord qui forme aujourd'hui un des plus beaux fleurons de la couronne britannique.

Devant les résultats si considérables qu'ils ont déjà obtenus, les Canadiens sont pleins d'espérances sur l'avenir qui leur est réservé. Ils voient leur pays appelé à jouer un grand rôle non-seulement économique, mais même politique dans le Nouveau-Monde. Ces espoirs paraissent n'avoir rien de chimérique, quand on songe à la rapidité de l'accroissement du Canada dans cette dernière période. Dans un siècle, si la progression actuelle continue, il y aura dans le *Dominion* cinquante millions d'hommes, dont vingt millions au moins d'origine française ; et nous ne comptons pas le contingent que pourrait fournir l'émigration européenne, si elle se détournait en partie des États-Unis pour se porter vers le Canada.

Il y a un demi-siècle, on eût pu penser que ce grand État finirait par se laisser absorber par les États-Unis et ne formerait plus qu'une fraction, importante il est vrai, de la nation américaine. Mais aujourd'hui le Canada se sent assez fort pour aspirer à avoir son autonomie et son existence propre, quand il coupera le câble qui le retient à l'Angleterre Il y a un parti annexionniste dans l'Ontario qui, entouré par les grands lacs est par cette voie en communications fréquentes et continues avec les États-Unis Mais ce parti diminue de jour en jour d'influence. Lord Dufferin exprimait, sous une forme humoristique, les véritables sentiments des Canadiens vis-à-vis des Américains des États-Unis, quand il disait dans un grand banquet donné à Winipeg : « Le Canada aime et admire les États-Unis, mais de cette affection amicale, franche, qu'une jeune fille qui est tout cœur éprouve pour quelque gros cousin hardi, tout frais émoulu de l'école, surabondant de goûts matériels et bon enfant : la jeune fille sait que ledit cousin est plus fort qu'elle, qu'il a de meilleurs muscles, qu'il a des sous plein son porte-monnaie,

LAMOTTE PIQUET.

qu'il peut fumer force cigares et flâner de çà de là sur les places publiques avec plus d'ostentation que ne lui permettent, à elle, les convenances de sa position. Elle l'admire pour son embonpoint, sa force et sa prospérité. Elle l'aime et rit elle-même de l'amitié affectueuse, loyale, qu'il lui témoigne, en même temps que de ses airs protecteurs. Mais elle ne pense pas à un sentiment plus tendre et à des relations plus intimes, et l'image du corpulent cousin ne vient pas un seul instant troubler ses méditations virginales ».

Les noms de vaillants hommes de mer, doués en même temps de toutes les qualités d'administration, brillent, dans l'histoire du Canada français, bien peu d'années même avant sa perte définitive. Parmi eux, il est impossible de ne pas rappeler La Galissonnière, qui avait tant fait pour l'organisation de la colonie; et qui, en 1745, avec des forces inférieures, sans autres secours qu'une escadre décimée par les maladies, repoussa les Anglais de la Nouvelle-France. Dans la même année, paraît, pour la première fois, le nom d'un vaillant marin, Lamotte-Piquet, qui, tout jeune encore, sauve, dans une traversée du Canada en France, la *Renommée* dont le commandement lui fut cédé par Kersaint grièvement blessé, après avoir lutté successivement contre deux frégates anglaises et un vaisseau de ligne de 70 canons.

Le Canada ne peut plus songer à se fondre dans les États-Unis. Sa destinée est de fonder une grande puissance rivale de la confédération américaine. Les Canadiens n'ignorent point d'ailleurs qu'au moment opportun, ils obtiendront de l'Angleterre leur indépendance, sans avoir besoin de faire appel à la force, comme jadis les compatriotes de Washington. Et c'est justement le désir de préserver cette future indépendance qui contribue, pour une très forte part, à retenir les Canadiens sous l'autorité intelligente et libérale de l'Angleterre.

L'INDE

CHAPITRE I

DUPLEIX. — SA NAISSANCE, SON CARACTÈRE, SES PROJETS. — LES PRINCIPALES CAUSES DE SA CHUTE. — INDIFFÉRENCE DU GOUVERNEMENT FRANÇAIS. — IDÉES ÉTROITES ET PRÉCONÇUES DE LA COMPAGNIE DES INDES. — DUPLEIX EST UN HOMME EXCEPTIONNELLEMENT DOUÉ.

Deux hommes bien différents de tempérament, de caractère et de talent occupent une place considérable dans ce qu'on pourrait appeler l'histoire, trop courte, hélas! de la conquête de l'Inde par quelques Français. Ces deux hommes sont Dupleix et Mahé de la Bourdonnais. Peut-être, malgré les fautes impardonnables du gouvernement français et l'étroitesse de vues de la Compagnie, peut-être leur union eût-elle pu changer la face des événements. Hâtons-nous de dire que la faute n'en saurait être imputée à Dupleix. On verra, d'ailleurs, au fur et à mesure des événements, quelle fut la prépondérance française, quand ces deux hommes furent unis, et comment leurs discordes sans cesse renaissantes compromirent, à différentes reprises, le sort si difficile de la colonie livrée presque à ses propres ressources.

Dupleix est un homme antique, dans toute la force du mot. Sa personnalité s'efface toujours devant la grandeur de la cause à laquelle il s'est voué tout entier. A la lettre, on n'aperçoit pas un défaut dans cette nature d'élite que le succès n'aveugle pas et que les revers trouvent prête à la lutte. Au coup d'œil du militaire, il joint la fermeté la plus imperturbable, et jamais il ne désespéra, même dans les circonstances les plus désespérées. Il ne faut pas oublier non plus qu'il n'a pas à lutter seulement contre les hommes et les événements; son ennemi le plus acharné, le plus terrible, c'est la coupable indifférence de la métropole. Non seulement on ne le soutient pas, mais on l'accable de reproches. La plupart du temps, ce sont des récriminations qui répondent à ses demandes réitérées de secours.

Il faut être fièrement trempé, pour ne rien perdre de soi-même dans de telles circonstances. Dupleix, lui, grandit dans cette lutte qui perd son œuvre et, de jour en jour, détruit un de ses rêves. Plus tard, on forcera les généraux de la Convention de vaincre, sous peine de châtiment; lui, on le force de renoncer à la victoire, de jeter dans les mains, pour ainsi dire, de ses ennemis, qui sont les ennemis de la France, les résultats acquis à force de veilles, d'énergie et d'héroïsme. Ce vainqueur est contraint de renoncer à sa victoire et, chose incroyable si elle n'était vraie, il faut qu'il vienne en France, pour se justifier d'avoir osé vaincre. Cette étrangeté criminelle, car c'est la patrie qui en subit les conséquences, n'est-elle pas une preuve du désarroi qui régnait dans les intelligences?

Nous verrons plus tard la série d'humiliations et d'avanies dont on se plut à accabler les derniers jours de cette belle existence, et qui fournissent une preuve

DUPLEIX.

irréfragable de l'aveuglement des hommes. Dupleix n'en fut point diminué, mais il en mourut, désespéré, ruiné, pour avoir voulu mettre une fortune sans pareille dans les mains de son pays. Sa lutte contre les hommes fut vraiment pire et plus cruelle que sa lutte contre les événements. Au début, c'est La Bourdonnais qu'il rencontre comme un obstacle; jusqu'à la fin, laissé dans un isolement mortel, il lui faudra voir l'échec de toutes ses tentatives pour montrer à la Compagnie la nécessité des secours matériels, de sacrifices peut-être, mais momentanés, pour préparer l'avenir et assurer la prépondérance de la France dans l'Inde.

C'est en pure perte. On ne veut pas voir; on n'ajoute aucune foi aux rapports de Dupleix, on traite de fables les dangers qu'il expose, et pendant ce temps-là les Anglais, plus perspicaces, exploitent, en habiles gens, la situation difficile d'un adversaire dont ils ne sont pas les pires ennemis, et savent tirer parti d'une complicité qui leur survient avec tant de bonheur. Rien, il faut le dire, n'est mieux fait pour mettre en lumière le génie des grands hommes que les difficultés incessantes amoncelées sous leurs pas. Dupleix n'en vit jamais la fin. Au début de la conquête, il pouvait, avec le concours de La Bourdonnais, réaliser son rêve avec la rapidité de la foudre. Les susceptibilités et l'orgueil indomptable du marin perdirent tout. Unis, ces deux hommes étaient invincibles; mais La Bourdonnais était trop impatient de toute supériorité, pour accepter celle d'un homme qui le valait comme militaire et qui, comme organisateur, n'avait pas d'égal. Les Anglais le savent, eux qui profitèrent si bien de toutes ces discordes et n'ont pas inventé, pour coloniser l'Inde, d'autre système que celui de Dupleix.

Ainsi La Bourdonnais fut le premier obstacle à ses plans. Cet homme, admirable dans l'action, d'un coup d'œil si prompt et si sûr et qu'il serait permis de comparer à Jean Bart comme homme de mer, ne savait point se dominer. La prépondérance de Dupleix le mettait hors de lui-même, et alors il agissait en fou, contrecarrait les ordres ou refusait d'y obéir. Dupleix, si patient pourtant et si habile, ne parvint jamais à adoucir les aspérités de ce caractère, et, ce qu'il y a de plus admirable, c'est qu'en présence des résultats fâcheux provoqués sans cesse par cette hostilité singulière, il n'eut pas une heure de fléchissement et poursuivit le but qu'il aurait infailliblement atteint, pour notre honneur et notre fortune, si les timidités, puis bientôt les ordres timorés de la Compagnie, n'étaient venus annihiler son action et réduire à néant ses plus belles combinaisons.

Il est nécessaire aussi de dire, pour expliquer ces choses fâcheuses, ou tout au moins pour les atténuer, que la Compagnie des Indes, constituée avec l'agrément du roi, et même sous promesse d'être militairement soutenue, à l'occasion, se composait de gens que la perspective seule d'une affaire purement commerciale avait séduits et qui ne voulaient qu'une chose : distribuer aux actionnaires de bons dividendes. Au fond, leur entreprise consistait simplement à faire venir en Europe, au meilleur compte possible, les merveilleux produits de l'Inde, et à en tirer un bénéfice sans limites, puisqu'il n'y avait point de concurrence. Aussi, ne comprirent-ils rien, ou pas grand'chose, aux plans de Dupleix, qui n'avait pas d'autre but cependant que de détruire ou d'empêcher l'invasion anglaise. Sans doute virent-ils seulement que, pour atteindre ce but, il faudrait mettre dehors des capitaux énormes, c'est-à-dire sacrifier le présent pour assurer l'avenir ; et alors, ils firent tant et si bien que Dupleix, leur agent, celui qu'ils honoraient naguère de toute leur confiance, fut obligé de capituler et d'abandonner à des adversaires trop heureux la fortune qu'il avait pres-

LA BOURDONNAIS.

que conquise. Plus déçu encore que Moïse, il lui fallut abandonner un pays merveilleux, conquis par son génie, et que les Anglais n'avaient plus qu'à ramasser, sans effusion de sang, pour en faire la plus souveraine et la plus riche de leurs possessions.

Le gouvernement français n'y comprit pas davantage. Il y a des heures fatales pour les nations, des heures où devient vaine l'action des hommes les mieux doués pour les servir. La perte du Canada et la perte des Indes survinrent à deux de ces moments, bien voisins l'un de l'autre, où un pays tombe, pour ainsi dire, en décomposition et n'est plus capable du moindre effort. Deux hommes exceptionnels, Montcalm et Dupleix, ont subi les conséquences de ces heures fatales, mais sans rien perdre de leur juste renommée. On vient de voir quel fut l'homme qui lutta jusqu'à la dernière cartouche, pour conserver à son pays une colonie si française, après plus d'un siècle de séparation; on va voir quel fut cet autre, ce Dupleix, qui voulut donner un empire à son pays, et que celui-ci récompensa en l'abreuvant d'accusations, de soucis, presque en le dépouillant. Il est permis de rappeler ces lamentables souvenirs, quand l'heure de la réhabilitation a sonné et quand la grandeur des hommes se dégage de plus en plus des nuages du passé.

Joseph Dupleix naquit en 1697, dans le Hainaut français, à Landrecies, où son père était fermier général, homme dur, entièrement adonné aux affaires, considérant l'argent au-dessus de tout, pour les bénéfices et les honneurs qu'il rapporte, et très désireux de voir son fils suivre la même carrière. Malheureusement, le jeune homme, en grandissant, ne montrait point de dispositions très prononcées à l'agiotage. Au contraire, tout annonçait chez lui un esprit aventureux, porté vers les grandes choses, ami des arts et surtout désireux d'imprévu. Le fermier général, tout en déplorant ces dispositions fâcheuses, faisait tout le possible pour en avoir raison; mais il avait affaire à forte partie, à un adolescent déjà résolu, dans le cœur duquel couvait l'indomptable énergie du futur héros. Ce mot est absolument applicable à Dupleix.

Bref, n'en pouvant avoir raison, le père jugea bon de faire voyager son fils. C'est ainsi que Dupleix visita l'Amérique et les Indes, et c'est ainsi que se développa chez lui cet esprit d'indépendance et d'initiative qui en fit un des hommes les plus remarquables de son temps. Il était tout jeune, dix-huit ans à peine, quand son père trouva le moyen de l'embarquer à bord d'un navire de la Compagnie des Indes. Cinq ans plus tard, après avoir beaucoup observé et beaucoup vu, le jeune Dupleix, grâce à l'influence de son père, gros actionnaire de la Compagnie, fut nommé membre du conseil supérieur et commissaire des guerres.

C'est à partir de ce moment que se dessinent les premières assises du monument que Dupleix veut élever à la gloire et à la fortune de son pays. Du premier coup il entrevoit les difficultés; mais il se sent de taille à les vaincre. Il y a là, dans sa vie, toute une période de gestation, si l'on peut ainsi dire, pendant laquelle il mûrit ses plans, pose ses jalons. Son but est de détruire d'abord la rivalité de l'Angleterre et d'arriver à faire du vaste empire de l'Inde un vassal de la France. Il est inouï de voir combien, grâce à un homme de génie, ce plan grandiose était facile à réaliser, et en même temps de compter les obstacles entassés sur les pas de Dupleix par les principaux intéressés.

Ces marchands, protégés par le gouvernement, ne voient pas autre chose que leur commerce, c'est-à-dire la prospérité terre à terre de leur boutique. A qui veut leur mettre dans les mains un monde et sa merveilleuse fortune, ils répondent par des tracasseries et des avanies incessantes. La Compagnie des Indes ne comprit pas Dupleix, ou plutôt elle en eut peur. Ceci

Mme DE POMPADOUR.

est d'autant plus extraordinaire que le succès de l'entreprise avait, dès les premières années, sauté aux yeux de tous. Louis XIV lui-même, probablement poussé par le grand Colbert, l'homme le mieux fait pour comprendre ces expéditions lointaines et riches d'avenir, avait décrété que la noblesse ne dérogeait pas en trafiquant sous l'égide de la Compagnie, que le gouvernement s'engageait, d'ailleurs, à soutenir par la force, si les circonstances l'exigeaient.

La première chose qui sauta aux yeux de Dupleix, à son arrivée dans les Indes avec un titre quasi-officiel, ce fut le peu de souci qu'on avait de tirer parti des ressources sans pareilles, inépuisables, d'un pays à peine exploité. Jusqu'alors on s'était contenté de faire passer en Europe les produits de l'Inde, mais sans la moindre réciprocité, sans le moindre commerce d'échanges. Les hommes capables ne manquaient cependant pas, dans le personnel de la Compagnie; mais, nous l'avons déjà dit, leur action était limitée. Fondés de pouvoirs, en quelque sorte, mais sans initiative personnelle, ils exécutaient des ordres et s'en tenaient là. Ce qu'on leur recommandait de la métropole, c'était une extrême prudence et le souci constant de ne plus froisser des voisins entreprenants et patients, hardis, quoique timorés parfois en apparence, les Anglais, qui recueillirent l'héritage de Dupleix et n'ont rien trouvé de mieux, pour conquérir et soumettre l'Inde, que de mettre à exécution les plans qu'il avait conçus.

Plus on y regarde de près, plus on reconnaît la similitude des causes qui se coalisèrent, grâce à l'insouciante complicité d'un gouvernement abâtardi, pour nous faire perdre les deux colonies qui sont aujourd'hui les deux plus beaux fleurons des possessions anglaises. On ne peut s'empêcher, quand on passe, à Londres, dans ce fameux *Trafalgar-Square*, où toutes nos défaites sont inscrites avec une superbe sans pareille, on ne peut s'empêcher d'éprouver un sentiment de révolte contre ceux qui nous valurent ces humiliations. Les plaques et les inscriptions se succèdent, à la mémoire des soldats qui nous chassèrent du Canada et de l'Hindoustan. Seulement, ce que les plaques se gardent bien de dire, c'est que la victoire était facile et assurée d'avance. Les Anglais, d'ailleurs, excepté sur mer, n'ont jamais vaincu que comme cela, et, pour eux, la bataille de Québec n'est pas un exploit plus brillant que Waterloo.

Ce qu'il y a de véritablement admirable, dans ces drames historiques, il faut se hâter de le dire et ne jamais cesser de le répéter, ce sont les hommes, les nôtres, qui, abandonnés à eux-mêmes, sans autres ressources que leur indomptable énergie, tiennent en échec les forces les mieux organisées, les armées les mieux entretenues, les mieux équipées, entourées de toutes les sollicitudes de la métropole, et succombent sous le nombre, qu'il est temps de ne plus confondre avec le destin. L'histoire ne se paie pas de mots ; elle est la grande et la seule justicière du passé, et c'est son réquisitoire impartial qu'il faut entendre, quand il s'agit de voir clair dans les événements.

Eh bien, c'est le triste gouvernement de Louis XV qui restera, devant la postérité, seul responsable de la perte des Indes et du Canada. Non seulement les hommes funestes qui perdaient alors la France et la menaient aux abîmes ne voulaient rien comprendre à la grandeur de leur pays ; au fond, ils étaient même systématiquement hostiles à cette expansion nationale, à ce rayonnement de la France sur l'univers, et ils abandonnaient Montcalm comme Dupleix, sans se douter que les habits rouges s'emparaient de l'héritage, considéraient nos défaites faciles comme d'immenses victoires et poussaient leurs hurrahs de triomphe sur la ruine du nom français, pendant que Mme de Pompadour jonglait avec des oranges. Immenses, en effet, ces victoires, qui donnaient à l'Angleterre deux colonies sans pareilles, sans que, dans l'entourage du roi, un tressaillement se fît sentir, à l'idée de tant d'héroïsmes si vainement dépensés.

Si grand que doive toujours être le sang-froid de l'historien, ce n'est pas sans révolte qu'il enregistre de pareils faits. Montcalm et son génie militaire annihilés par les gouverneurs et contrecarrés par les criminelles dilapidations des intendants; Dupleix traîné devant les tribunaux, ruiné par cette compagnie des Indes à laquelle il voulait faire don d'un empire, voilà l'histoire de la colonisation française, sous le règne de Louis XV. Ici, les récriminations seraient vaines, peut-être déplacées, mais il est permis de faire ressortir la grande physionomie de ces deux hommes, qui, seuls, aux prises avec l'indifférence et l'adversité, ne désespérèrent jamais et ne cessèrent de lutter que frappés, l'un par la mort, l'autre par la calomnie. On vient de voir ce que fut Montcalm; la simple exposition des faits montrera ce qu'était Dupleix et ce qu'aurait pu faire un pareil homme, si la monarchie déjà croulante avait eu la force ou seulement la volonté de le seconder.

CHAPITRE II

PHYSIONOMIE DE L'INDE. — SORTE DE FÉODALITÉ. — DUPLEIX VEUT PROFITER DE LA DÉCADENCE DE L'EMPIRE MOGOL, POUR ASSEOIR LA PUISSANCE DE LA FRANCE. — SON FASTE, SES CAUSES ; EFFETS QU'IL EN ATTEND. — ON S'EN EFFRAIE EN FRANCE. — SITUATION DES ANGLAIS ET DES FRANÇAIS DANS L'INDE, AU MOMENT DE L'ARRIVÉE DE DUPLEIX. — PONDICHÉRY MENACÉ. — DUPLEIX ET LA BOURDONNAIS.

Pendant les premières années de son séjour dans l'Inde, Dupleix, tout en remplissant ses obligations, observa. Bientôt il apparut aux yeux de cet homme pénétrant que ce qui existait jusqu'alors ne comptait pas, et qu'il y avait beaucoup mieux à faire, dans l'intérêt de la Compagnie des Indes d'abord, et aussi dans l'intérêt et pour la gloire de la France ; c'est alors que lui apparut la possibilité d'une conquête de l'empire des Indes, au bénéfice de son pays. La puissance mogole, devant laquelle s'était émerveillée jadis, et à bon droit, l'imagination du Vénitien Marco-Polo, était alors en pleine décadence. Divisé comme autrefois l'empire d'Alexandre, entre rajahs, maharajahs, nababs et soubabs, l'Indoustan, cette merveilleuse contrée, la plus riche du monde, représentait l'anarchie la plus complète.

Comme les barons du moyen âge dans l'Europe

occidentale, chacun était maître chez soi et agissait à sa guise. Les princes indiens, pour un motif ou pour un autre, la plupart du temps sans savoir pourquoi, étaient en lutte les uns contre les autres ; en un mot l'Inde s'effondrait dans l'amollissement. L'occasion n'était-elle pas unique de profiter de toutes ces dissensions et de faire de tous ces princes autant de vassaux d'un pouvoir central ? C'est ce qui existe aujourd'hui, que Dupleix rêva ; mais on l'accusa d'ambition, et ses plus vastes projets, défigurés par l'envie, prirent les simples proportions de vues personnelles.

On ne saurait trop le répéter à notre pays, tel il est aujourd'hui, tel il fut autrefois, avant la révolution qui, en bouleversant les vieilles institutions, n'a point su transformer le caractère, ce caractère national qui se fait si difficilement aux innovations, et qui est le perpétuel défaut des hommes. C'est au point qu'un Dupleix renaissant aujourd'hui et se trouvant dans les mêmes conditions, aux prises avec les mêmes espérances, il n'est pas certain qu'on ne lui susciterait pas les mêmes difficultés. La France est un des pays qui, encore à l'heure qu'il est, croient le moins à l'initiative personnelle, et s'imaginent que, pour réussir et faire fortune, il faut, à une entreprise, l'étiquette officielle. C'est un vice riche en résultats fâcheux, ou, pour mieux dire, en conséquences négatives. Et pourtant nous pourrions compter, dans nos annales maritimes, des hardiesses particulières bien faites pour donner tort à cette sotte abdication. Nous en trouverons des exemples, et nombreux, en écrivant l'histoire glorieuse, mais à peine connue, des marins et des armateurs normands et bretons du seizième siècle.

A LA COUR D'UN RAJAH.

En quelques mots, que voulait Dupleix? Une chose bien simple : profiter de la décadence de l'empire mogol pour implanter l'influence française, faire dans l'extrême Orient une France orientale, ce qu'est aujourd'hui l'Inde anglaise. Jamais entreprise ne fut plus hardie, mieux combinée ; jamais projets ne furent plus grandioses. Et tout cela devait échouer, grâce à l'indifférence de la métropole, aux terreurs folles de la Compagnie, au concours si chèrement payé de La Bourdonnais, grâce enfin à cette foule de circonstances fâcheuses qui se dressent presque toujours devant les hommes de génie, comme pour leur faire expier leur supériorité.

L'histoire de ces circonstances fatales, la plupart du temps suscitées par des hommes incapables de le comprendre, est l'histoire même de Dupleix. On tient pour rien, ou presque, l'impulsion nouvelle qu'il a su donner au commerce, la marine qu'il crée de toutes pièces, pour établir un service de relations commerciales continues avec la Chine et le Japon. Il est vrai que ces innovations datent de l'heure où il fut choisi comme gouverneur de Pondichéry, c'est-à-dire élevé au poste le plus élevé de la Compagnie, qui lui permettait de songer aussitôt à la réalisation de ses projets, tout en sachant que l'Angleterre, établie dans le Carnatic, maîtresse de Madras, ne le laisserait point faire, et qu'une guerre s'ensuivrait, dès le début de son entreprise. D'ailleurs, dans ses plans parfaitement conçus, il avait tablé sur cet inévitable conflit et ne s'en inquiétait point outre mesure.

Son idée principale, l'idée maîtresse de ses projets, était d'éblouir, par son faste, les princes indiens, et de commencer par marcher sur le même rang que ces

En quelques mots, que voulait Dupleix? Une chose bien simple: profiter de la décadence de l'empire mogol pour implanter l'influence française, faire dans l'extrême Orient une France orientale, ce qu'est aujourd'hui l'Inde anglaise. Jamais entreprise ne fut plus hardie, mieux combinée; jamais projets ne furent plus grandioses. Et tout cela devait échouer, grâce à l'indifférence de la métropole, aux terreurs folles de la Compagnie, au concours si chèrement payé de La Bourdonnais, grâce enfin à cette foule de circonstances fâcheuses qui se dressent presque toujours devant les hommes de génie, comme pour leur faire expier leur supériorité.

L'histoire de ces circonstances fatales, la plupart du temps suscitées par des hommes incapables de le comprendre, est l'histoire même de Dupleix. On tient pour rien, ou presque, l'impulsion nouvelle qu'il a su donner au commerce, la marine qu'il crée de toutes pièces, pour établir un service de relations commerciales continues avec la Chine et le Japon. Il est vrai que ces innovations datent de l'heure où il fut choisi comme gouverneur de Pondichéry, c'est-à-dire élevé au poste le plus élevé de la Compagnie, qui lui permettait de songer aussitôt à la réalisation de ses projets, tout en sachant que l'Angleterre, établie dans le Carnatic, maîtresse de Madras, ne le laisserait point faire, et qu'une guerre s'ensuivrait, dès le début de son entreprise. D'ailleurs, dans ses plans parfaitement conçus, il avait tablé sur cet inévitable conflit et ne s'en inquiétait point outre mesure.

Son idée principale, l'idée maîtresse de ses projets, était d'éblouir, par son faste, les princes indiens, et de commencer par marcher sur le même rang que ces sortes de seigneurs féodaux qui regardaient les marchands européens du haut de leur opulente indolence et les toléraient, sans les respecter ou les craindre. Cet état de choses devait surtout disparaître, et au plus tôt, et Dupleix trouva, dans les archives de la Compagnie, les moyens de marcher l'égal des nababs et des rajahs. Un des historiens les plus complets de Dupleix, M. Tibulle Hamont, raconte ainsi le fait dans un livre remarquable qui, en même temps qu'une histoire exacte, est une juste et tardive apologie.

« Avec sa connaissance du caractère hindou, dit-il, « Dupleix comprit que la première condition pour « réussir c'était de se présenter, non comme un « marchand, mais comme un officier du grand « Mogol ; en un mot, comme l'égal de ces orgueilleux « feudataires. Pour entrer dans le divan, Dupleix va « donc se revêtir des insignes du pouvoir hindou, et, « par bonheur, il n'a qu'à les ramasser dans les ar- « chives de la Compagnie. L'empereur de Delhi avait « naguère octroyé le titre de nabab à l'intelligent « Dumas (1), qui avait habilement posé des bases « pour les interventions futures. Ce titre, que le « *paravana* déclarait transmissible aux successeurs « de Dumas, Dupleix le reprend avec toutes les pré- « rogatives qui y sont attachées, et il affecte de s'en « parer avec une ostentation et un luxe qui frappent « l'esprit des indigènes, tout en excitant quelques « railleries parmi les Français. Il se fait rendre, à « Pondichéry, les honneurs qu'à Arcate on décernait « au nabab, et pour en imposer davantage aux Hin- « dous, pour se montrer dans tout l'appareil d'un

(1) Un des prédécesseurs de Dupleix.

« prince asiatique, il entreprend un voyage au Bengale, pour s'y faire reconnaître comme nabab de « Pondichéry. Après les fêtes, qui furent magnifiques, « Dupleix, dans l'espoir de flatter les mahométans, « la race dominante, va à Hougli, entouré d'un nombreux et éblouissant cortège, faire visite au gouverneur musulman, qui, reconnaissant la supériorité du nabab de Pondichéry, lui rend l'hommage « du vassal. On fit une cérémonie pompeuse où rien « ne fut épargné pour captiver l'imagination de ces « peuples, qui ne croient à la puissance que lorsque « celle-ci les éblouit par l'éclat de l'or et de l'acier. « L'impression des Hindous fut profonde, quand ils « virent l'officier du Mogol se prosterner devant « Dupleix, qui recevait ces marques de respect avec « une dignité grave. Désormais, à leurs yeux, les « Français et leur chef n'étaient plus des barbares, « des infidèles, mais des amis et des égaux. Ce sentiment allait pénétrer peu à peu dans toute l'Inde. Il « n'y avait plus qu'à laisser au temps le soin de développer et de fortifier ce courant d'opinions. »

C'était habile, on en conviendra, et d'un homme qui, pour accomplir ses projets, ne dédaignait aucun moyen. Malheureusement on taxait cela d'ambition, et Dupleix ne devait pas tarder de voir s'entasser, devant lui, toute sorte de difficultés, suscitées par ceux que sa prépondérance offusquait et qui devinaient en lui un novateur inquiétant. On comprend que ces plans, pour arriver à leur maturité, avaient demandé du temps. Quand il vit l'heure venue de les mettre à exécution, Dupleix avait quarante-six ans. Il avait épousé, depuis deux ans, en 1741, la veuve d'un conseiller de la Compagnie, Mme Vincent, femme extrêmement remarquable, qui, comme lui, fut fort calomniée, mais qui resta sa conseillère dévouée et son collaborateur fidèle. Ce fut elle qui le soutint, non quand elle le vit faiblir, car Dupleix ne faiblit jamais, mais qui le redressa, aux heures de découragement communes aux caractères les mieux trempés, quand ils voient tournées contre eux la coalition des hommes et celle des événements.

Cependant, malgré la distance et les lenteurs forcées des communications avec la France, on y avait eu connaissance des projets de Dupleix, et l'on s'en effrayait. Une telle initiative, aux yeux d'hommes timorés, paraissait devoir tout compromettre, et l'on entrevoyait, au bout de tout cela, la ruine fatale de la Compagnie. A la cour, on voyait mieux, c'est-à-dire qu'on était plus séduit, et le roi conférait à Dupleix des titres de noblesse et la croix de Saint-Louis ; mais ce n'était pas de grande importance. Le gouvernement, qui s'était engagé à protéger matériellement la Compagnie, n'avait pas à s'occuper de ses affaires, et, au moment même où le gouverneur de Pondichéry, confiant dans les ressources de son génie, peut-être dans son étoile, croyait toucher au but tant rêvé, ordre lui était donné de réduire toutes les dépenses et surtout de ne point se lancer dans des entreprises hasardeuses. Ses négociations avec les princes indiens devenaient du coup inutiles, les préparatifs et les méditations de toute une carrière ne servaient plus de rien ; l'Angleterre, qu'il fallait chasser de l'Inde pour s'y maintenir et y dominer, y demeurait, fortement appuyée et encouragée. Ainsi s'évanouissait le travail de vingt années, par la faute de quelques gens qui ne voulaient rien comprendre.

Dupleix n'hésita pas. Privé de ressources officielles, il eut recours aux siennes, s'improvisa ingénieur pour mettre Pondichéry à l'abri d'un coup de main, et en état de défense. Six mois pour aller en France, six mois pour en revenir, il comptait là-dessus, en se disant qu'il ne lui en fallait pas davantage pour réussir, et que, le fait accompli, on ne refuserait point le cadeau royal qu'il se sentait en mesure de conquérir et de donner. Avec une énergie sans pareille, il organisa tout, para à tout, prévit tout. Il fallait, pour l'arrêter dans ses projets de conquête presque garantis par la neutralité promise des princes indiens, une véritable fatalité. Cette fatalité s'incarna dans la personne de Mahé de La Bourdonnais, cet homme exceptionnellement brave, ce marin consommé, dont les lenteurs calculées perdirent Dupleix, en l'arrêtant dans des opérations qu'il avait voulues foudroyantes, mais dont les délais donnèrent le temps à la Compagnie d'intervenir et de se prononcer. Or, Dupleix connaissait ses idées hostiles à tout projet de conquête.

Cependant, entre les Anglais et les Français établis dans l'Inde, ceux-ci sur la côte de Coromandel, ceux-là dans le Carnate, régnait une hostilité sourde, qui s'accentuait de jour en jour et qui infailliblement devait finir par un conflit. A cette heure, les Anglais avaient d'incontestables avantages et pouvaient disposer d'une escadre, tandis que les Français se trouvaient presque sans ressources matérielles. Dupleix avait beau tourner les yeux du côté de la haute mer, il ne voyait rien venir : pas une voile française à l'horizon. Sans doute la Compagnie, pour réaliser avec plus de certitude ses projets pacifiques, jugeait qu'il était habile de n'envoyer ni argent, ni hommes, ni canons.

Dans de telles conditions, les Anglais pouvaient s'emparer de Pondichéry, presque sans coup férir, et la prise de Pondichéry c'était la fin de tout, pour Dupleix la ruine irrémédiable, définitive. Le gouverneur suffit à tout, enrôla des travailleurs qu'il paya de ses propres deniers, releva les fortifications de Pondichéry qu'il mit à l'abri d'une surprise et d'un coup de main, sous les yeux des marins anglais dont les navires croisaient au large, tout disposés à commencer les hostilités, s'ils n'avaient été retenus par la crainte de rencontrer l'intervention du nabab Anaverdikan, non gagné à la cause de Dupleix, mais dont celui-ci, avec son habileté accoutumée, s'était assuré, non seulement la neutralité, mais encore l'active entremise en cas d'agression de ses adversaires.

Au milieu de tous ces ennuis, dont le principal était l'évanouissement de son rêve, Dupleix s'efforçait, par tous les moyens possibles, de convaincre la Compagnie si désespérément sourde à sa voix. En grand avocat, il plaidait sa cause, entassait arguments sur arguments pour en démontrer tous les avantages ; en même temps, il ne dissimulait pas que plus on hésiterait, plus les difficultés deviendraient grandes, et que c'était voir les choses au rebours de l'intérêt, que de laisser passer le temps, en gardant une indolence désastreuse. Ce que cet homme dut souffrir alors, dans l'espace de quelques années, est inénarrable. Voir que l'on persistait à traiter en chimère les projets à ses yeux les plus réalisables et les plus merveilleux, lutter seul contre l'indifférence et le parti pris, s'user enfin dans l'attente d'un lendemain qui durait des mois entiers, telle fut la vie de Dupleix jusqu'en 1746, lorsque, vers la fin du mois d'avril de cette année, il

10

reçut enfin la nouvelle qu'une escadre, sous les ordres de La Bourdonnais, faisait voile pour Pondichéry.

Alors, tout fut oublié. La Bourdonnais, c'était non seulement le salut, mais le succès. Dupleix ne mit pas un instant en doute que, dans la rencontre probable des deux escadres anglaise et française, l'avantage ne restât à celle-ci, commandée par un homme comme La Bourdonnais. Il tabla sur la victoire certaine, fit comme s'il la tenait, sans se douter que l'œuvre méditée trouverait bientôt ses pires ennemis dans les rangs de ceux qui auraient dû lui prêter tout leur concours. A près de cinquante ans qu'il avait alors, il eut l'ardeur et l'énergie active d'un homme jeune et ne mit pas un instant en doute le succès. Cette confiance est le propre des fous ou des hommes de génie, des joueurs aventureux ou de ceux qui ont assez habilement manœuvré ponr s'assurer le succès d'une partie. Dupleix était de ces derniers. A des heures de désespérance causées par un abandon systématique qui lui semblait, à raison, la plus lourde des fautes, succédèrent les heures de véritable ivresse. Dupleix se multiplia.

Deux hommes, les deux premiers qui aient écrit d'une façon sérieuse, à l'aide de documents authentiques, l'histoire de cet essai de conquête de l'Inde, MM. de Bionne et Tibulle Hamont, ont exposé, dans des pages éloquentes et émues l'activité sans pareille que Dupleix alors déploya. Il faut dire aussi que, dans ces circonstances, La Bourdonnais commença par l'égaler. En proie à une ambition démesurée, ou pour mieux dire à un besoin dévorant de renommée, La Bourdonnais rêvait aussi de la conquérir dans l'Inde, et il avait des accès de colère inouïs, tantôt contre les lenteurs de la Compagnie, tantôt contre les hésitations d'un ministère sans initiative et aux yeux duquel le prestige de la France, dans les mers lointaines, n'était qu'une question parfaitement secondaire.

Chez La Bourdonnais, les réticences ne devaient se produire que plus tard, à l'heure où, la gloire n'étant pas pour lui seul, il devait obéir aux suggestions de ce caractère ombrageux, jaloux, qui, dans certaines circonstances de sa vie, firent du héros un homme méprisable. Mais alors, à l'idée que l'influence française dans l'Inde était menacée, que tant d'efforts, de succès même étaient presque irrévocablement perdus et par là même sa soif inextinguible de renommée compromise, il fut incomparable, et il est impossible d'en mieux juger que par ces lignes de M. Tibulle Hamont, qu'on ne saurait trop citer, d'ailleurs, en pareille matière :

« Un moment, dit l'écrivain auquel nous emprun-
« tons ces détails, il eut dans la main ces vaisseaux,
« instruments de la gloire qu'il rêvait ; un ordre du
« ministère les dispersa. Et cependant, Dupleix récla-
« mait du secours, les établissements de l'Inde
« allaient tomber, et avec eux cette renommée pour
« laquelle La Bourdonnais vivait uniquement. Non ! il
« ne verrait pas ce naufrage ! Il improviserait plutôt
« une flotte ! Il s'imposa la tâche d'armer une escadre,
« avec les maigres ressources de son île, — il était alors
« gouverneur de l'Ile de France, — sans ateliers, sans
« matériel; il retint les navires qui arrivaient d'Europe
« moitié désemparés par une longue traversée, et
« pour leur fournir des mâts et des vergues, il mit en
« exploitation les forêts. Il se fit ingénieur, voilier,

« instructeur, artilleur, charpentier, et de ses propres « mains, fabriqua les modèles de tous les objets néces- « saires. Sous sa surveillance, des hommes apprirent « à tisser les voiles, d'autres fabriquèrent des affûts « de canon et mirent les navires en état de les rece- « voir. Les matelots furent exercés à la manœuvre, au « service des pièces, au tir à la cible. Comme leur « nombre était insuffisant, il recruta un certain « nombre de nègres pour les incorporer dans ses « équipages. Les vivres lui manquaient; il fit des « miracles et se les procura. Il avait réussi à équiper « ainsi cinq navires, quand on lui annonça, pour le « mois d'octobre 1745, l'arrivée de cinq autres bâti- « ments partis de Lorient. Ravitailler cette escadre « avec les ressources de l'île était impossible. A « grand'peine La Bourdonnais tira des vivres de « Madagascar. Il eut à triompher d'embarras sans « nombre, causés par la timidité des capitaines, qui « arguaient de leur responsabilité et refusaient de « débarquer leur chargement, et prit enfin la mer « avec une flotte relativement nombreuse, mais dont « l'artillerie était d'un calibre bien faible, pour lutter « avec les pièces des entre-ponts anglais. La flotte « portait 3,342 hommes. »

Tel était l'homme, le vainqueur de Mahé, dont on lui avait donné le nom, d'une décision sans pareille et d'une incomparable activité. Nul ne pouvait être, pour Dupleix, un auxiliaire plus précieux, tandis qu'au contraire, il devint pour lui un obstacle. Unis, ces deux hommes auraient mené à bien les entreprises les plus extraordinaires, accompli les choses les plus admirables. Seulement, Dupleix, le chef hiérarchique, ne voulait pas de direction double dans la conduite des affaires. Il n'y avait qu'une autorité, la sienne; un pouvoir, le sien. N'est-ce pas tout ce que l'on peut imaginer de plus légitime dans une expédition difficile, où deux volontés, qui se contrecarrent, préparent et provoquent fatalement l'insuccès, sinon pire? Malheureusement, c'est ce que La Bourdonnais ne voulut pas comprendre, pour sa perte et aussi pour la perte de l'Inde, chose autrement grave dans ses conséquences, et dans laquelle il eut une part que l'histoire ne peut cacher, tout en rendant justice aux grandes qualités du soldat et du marin.

CHAPITRE III.

EXPÉDITION NAVALE SOUS LES ORDRES DE LA BOURDONNAIS. — DÉPART DE L'ILE DE FRANCE. — TEMPÊTE DE LA MER DES INDES. — COMBAT AVEC LA FLOTTE ANGLAISE. — INDÉCISION DE PEYTON. — LA ROUTE EST LIBRE. — TERGIVERSATIONS DE LA BOURDONNAIS. — SON ORGUEIL. — PRISE DE MADRAS. — VICTOIRES DE PARADIS ET DE D'ESPRÉMÉNIL SUR LES NABABS. — PRESTIGE DES FRANÇAIS. — PONDICHÉRY BOMBARDÉ. — MORT DE PARADIS. — DUPLEIX DEMANDE DES RENFORTS. — IL N'EST PAS ÉCOUTÉ.

Enfin l'expédition mit à la voile, mais, assaillie par un de ces ouragans nommés typhons, si fréquents dans les mers de l'Inde, elle se disloqua. Le vaisseau amiral perdit ses mâts; un autre navire, le *Neptune*, coula. Le reste était fortement éprouvé. C'était commencer sous de fâcheux auspices. Mais une justice à rendre à La Bourdonnais, c'est que les difficultés le grandissaient, et que le péril en faisait un homme exceptionnel. Il relâcha à Madagascar et répara, comme il le put, avec une activité fébrile, des désastres inattendus. En moins de deux mois. après des prodiges d'activité inouïe, il était prêt à reprendre la mer.

Il la reprit, pour se heurter bientôt à la flotte anglaise, sous les ordres de Peyton. Celle-ci était supérieure en nombre, et surtout supérieure en artillerie; ce qui lui permettait de canonner, de loin, les navires de La Bourdonnais. Mais rien ne peut arrêter l'ardeur de l'amiral. Le danger est son élément : il s'y jette à corps perdu, soutient seul avec son vaisseau l'*Achille* tout l'effort de la flotte anglaise, et la nuit met fin au combat. Il serait plus juste de dire qu'elle empêcha la défaite complète des Français.

Cependant, chose curieuse, presque inexplicable! au lever du jour, la mer est libre pour La Bourdonnais, qui n'aperçoit plus que les hautes voiles anglaises s'effaçant à l'horizon, et le lendemain il jette l'ancre devant Pondichéry. Que ne promettait pas une campagne commençée sous de tels auspices, avec une telle fortune? Les angoisses des jours précédents étaient effacées, ne comptaient plus. Dupleix, au comble de l'enthousiasme, accueille l'amiral comme un sauveur, mieux que cela, comme l'homme providentiel qui lui permettra de réaliser ses plans, d'éblouir les populations hindoues, grâce au prestige de la victoire. Le gouverneur connaît celui dont il veut faire son collaborateur, il sait quelle est sa décision, quelles sont les ressources de son génie de marin; il sait que nul n'a plus de bravoure et plus d'entrain foudroyant. La Bourdonnais est l'homme qu'il lui faut; Dupleix sent que l'Inde leur appartient, s'ils marchent d'accord, et qu'il faut commencer par détruire la flotte anglaise.

La Compagnie anglaise s'est implantée sur des points nombreux de la côte, mais ces points sont très éloignés l'un de l'autre, sans moyens de communication autres que la grande route maritime. Une fois la flotte anglaise battue, ces centres demeurent parfaitement isolés, et rien ne sera plus facile

que de les réduire l'un après l'autre. Nous l'avons dit, le plan de Dupleix était tracé d'avance. Cet homme extraordinaire avait tout conçu, tout prévu. Il le communique à La Bourdonnais, qui, du reste, l'approuve et partage l'enthousiasme du gouverneur. Le but est donc de battre et de détruire la flotte anglaise, après quoi l'on mettra le siège devant Madras, dont la chute est probable, presque certaine. Dans leur commun enthousiasme, l'organisateur et le marin ne tiennent pas compte du fort Saint-David, une redoute que devait illustrer la résistance de l'Anglais Clive et de ses compagnons d'armes. Avec la confiance des grands hommes, Dupleix ne veut rien voir qui puisse s'opposer à la réalisation de la pensée qu'il a conçue ; à ses yeux, avant qu'il ne soit longtemps, tous les Anglais seront chassés de l'Inde. Quel malheur que les hésitations et les jalousies de La Bourdonnais soient venues tout contrecarrer ! L'entente de ces deux hommes, intelligente, disons le mot, l'obéissance de La Bourdonnais changeait la face des choses. C'est l'égoïsme de ce marin brave entre les braves qui fit la fortune de l'Angleterre.

[illegible] dans son esprit, ses irrésolutions ne cessent pas. D'abord, sachant que l'escadre anglaise, toujours sous les ordres de Peyton, croisait dans les parages de Ceylan, c'est-à-dire à soixante lieues de Madras, il veut se jeter sur cette flotte et s'en emparer par un coup de main hardi. Il va jusqu'à donner les ordres qui lui font regarder le succès comme certain ; puis, tout d'un coup, il change d'avis et se met à la recherche de la flotte anglaise. Pourquoi ? C'est, paraît-il, qu'il a une sorte de revanche à prendre, et que, ses

que de les réduire l'un après l'autre. Nous l'avons dit, le plan de Dupleix était tracé d'avance. Cet homme extraordinaire avait tout conçu, tout prévu. Il le communique à La Bourdonnais, qui du reste, l'approuve et partage l'enthousiasme du gouverneur. Le but est donc de battre et de détruire la flotte anglaise; après quoi l'on mettra le siège devant Madras, dont la chute est probable, presque certaine. Dans leur commun enthousiasme, l'organisateur et le marin ne tiennent pas compte du fort Saint-David, une redoute que devait illustrer l'héroïsme de l'anglais Clive et de ses compagnons d'armes. Avec la confiance du grand homme, Dupleix ne veut rien voir qui puisse s'opposer à la réalisation des plans qu'il a conçus. A ses yeux, avant qu'il ne soit longtemps, tous les Anglais seront chassés de l'Inde. Quel malheur que les hésitations et les jalousies de La Bourdonnais soient venues tout contrecarrer! L'entente de ces deux hommes, n'hésitons pas à écrire le mot, l'obéissance de La Bourdonnais changeait la face des choses. C'est l'orgueil de ce marin brave entre les braves qui a fait la fortune de l'Angleterre.

A partir de ce moment les défaillances se succèdent dans son esprit, ses irrésolutions ne cessent pas. D'abord, sachant que l'escadre anglaise, toujours sous les ordres de Peyton, croisait dans les parages de Ceylan, c'est-à-dire à soixante lieues de Madras, il veut se jeter sur cette ville et s'en emparer par un coup de main hardi. Il va jusqu'à donner les raisons qui lui font regarder le succès camme certain; puis tout d'un coup il change d'avis et se met à la recherche de la flotte anglaise. Pourquoi? D'abord parce qu'il a une sorte de revanche à prendre, et que, ses vaisseaux étant mieux armés, grâce à la sollicitude de Dupleix, il croit pouvoir compter sur la victoire; ensuite, hélas! parce qu'il a la petitesse de ne pas obéir aux instructions reçues et parce que son orgueil lui dicte la rébellion, l'idée d'agir par lui-même, de mener à lui seul, et comme il l'entendra, toute la campagne, pour en avoir tout l'honneur, au préjudice de Dupleix, dont la personnalité lui pèse.

A l'approche de l'escadre de La Bourdonnais, les Anglais se dérobent et refusent le combat. La Bourdonnais voit sans doute la faute qu'il a commise, mais son indomptable orgueil lui enjoint de ne pas la reconnaître, et, au lieu de se jeter sur Madras, comme il en avait eu l'intention d'abord, il revient à Pondichéry, dépensant dans l'inaction, le temps le plus précieux. Dupleix, c'est le cas de le dire, s'en consumait. Que de temps et que d'efforts perdus! Enfin n'y tenant plus, il fait intimer l'ordre par ses officiers à l'amiral d'avoir à choisir entre le combat naval avec l'escadre anglaise ou l'attaque immédiate de Madras. Dans un emportement patriotique facile à comprendre, ces officiers ne sont plus maîtres d'eux-mêmes et déclarent qu'à défaut de l'amiral la flotte ne manquera pas de quelqu'un pour la conduire. Mais lui, qui connaît l'incapacité de ses lieutenants, trouve là une occasion de faire voir qu'il est indispensable et se résigne. Résultat, un échec piteux et le retour de la flotte, au grand contentement de ce malheureux homme auquel la grandeur des projets de Dupleix échappe et qui veut que tout s'efface devant lui-même.

Mais que de temps perdu! Songe-t-on aux transes de toute nature qui durent alors traverser l'esprit de

Dupleix, qui avait voulu faire de l'expédition un coup de foudre, et qui la voyait traîner en longueur, grâce aux mesquines préoccupations de l'homme sur lequel il avait cru pouvoir le plus compter? Malgré cela, l'espérance lui revient. La Bourdonnais, flatté par l'inutile expédition de son lieutenant, M. de la Porte-Barrée, reprend le commandement de l'escadre et fait voile pour Madras, vers la moitié de septembre. Neuf jours après son appareillage, le 21, la place se rendait à discrétion. La Bourdonnais s'y montra ce qu'il était réellement, l'homme du coup de main hardi; mais, après le succès, ses hésitations revinrent, ou plutôt son besoin de se croire le premier le hanta de nouveau. L'idée le prit de traiter à sa manière, d'être le seul arbitre, dans une circonstance aussi exceptionnellement grave, et de faire fi de toutes les instructions de Dupleix, qui représentait la Compagnie.

Un fait naturel en soi, et dont les précédents étaient nombreux et faisaient loi, dans l'organisation de nos possessions de l'Inde, porta son irritation au comble: il refusa de reconnaître le conseil nommé par le gouverneur pour former l'assemblée directrice du nouvel établissement conquis, bien qu'il en fût choisi comme le président. Au lieu de suivre les instructions de Dupleix et de remettre la ville au nabab d'Arcate, Anaverdikan, pure formalité d'ailleurs et toute de diplomatie, il se mit à traiter de son rachat avec les Anglais, agissant pour son compte et presque avec traîtrise, puisqu'il transgressait des instructions parfaitement hiérarchiques et remplaçait, par sa propre autorité, l'autorité nettement définie de la Compagnie représentée par son gouverneur.

Cependant celui-ci, dont rien n'était capable d'ébranler la fermeté extraordinaire et qui oubliait tout, jusqu'aux offenses personnelles, pour ne rien voir que la grandeur des résultats poursuivis, ne se laissait point abattre par ces manifestations d'une vanité poussée jusqu'à la petitesse et procédait régulièrement, sans tenir compte des engagements pris, vis-à-vis des vaincus, par un homme qui n'avait aucun titre pour en prendre. Il le lui fit notifier par le major général de Bury et quelques-uns de ses officiers, parmi lesquels d'Espréménil ; mais La Bourdonnais, maître absolu à Madras et sûr des hommes de l'escadre, ne voulut rien entendre. Ce grand vaniteux se révoltait à l'idée de la moindre sujétion, invoquait des prétextes, des paroles données, se posait en victime ; puis, la colère survenant, menaçait les ambassadeurs de les faire enfermer, pour leur prouver, ainsi qu'à Dupleix, tout le cas qu'il faisait de ces négociations uniquement dirigées contre sa personne.

C'est la coutume générale et invariable que des hommes de la nature de La Bourdonnais se croient toujours les victimes des autres. Ils n'ont point de pire ennemi qu'eux-mêmes, mais les conseils les plus justes et les actes les plus raisonnables leur semblent autant d'injures personnelles. L'incroyable susceptibilité de La Bourdonnais, son caractère ombrageux, le portaient ainsi à tout mettre au pire. Suivant la mesquinerie de ses calculs, Madras lui appartenait. N'est-ce pas lui, lui seul, qui avait pris la ville? Est-ce que Dupleix y était pour quelque chose, aussi bien que tous ces officiers de l'entourage du gouverneur qui osaient venir lui dicter des conditions, à lui le seul et unique maître?

Quand on lit attentivement l'histoire impartiale de ces faits, il est impossible de se défendre d'un grand sentiment de tristesse, en voyant combien les passions humaines ont d'influence sur les événements. Plus tard, Dupleix aura beau déployer toutes les ressources de son génie, le début de cette campagne, qui aurait dû consacrer le succès, pèsera sur toutes les opérations futures, pour en accroître les difficultés. Et tout cela parce que La Bourdonnais ne voulut pas plier devant une volonté supérieure. Par bonheur, un événement heureux vint changer la face des choses. La direction de la Compagnie des Indes, ou plutôt le conseil supérieur déléguait ses pleins pouvoirs à Dupleix. En présence d'un tel fait, l'amiral n'avait plus qu'à s'incliner, et c'est ce qu'il fit. Mais restait à réparer les fautes commises, et, chose bizarre! la Compagnie n'envoyait à Dupleix ni un vaisseau, ni un homme. Il n'était même pas question d'argent, pour faire face à une situation difficile et que chaque jour rendait plus dangereuse. Voici comment.

Les Anglais, surpris dans leur quiétude et ne s'attendant pas à rencontrer, devant eux, un homme de la force de Dupleix, n'avaient point perdu leur temps. Après la prise de Madras, la garnison, sous les ordres de Clive, avait été autorisée à gagner le fort Saint-David, une bicoque qui devait arrêter plus tard les efforts des lieutenants de Dupleix. En outre, en habiles diplomates, ils gagnaient à leur cause le nabab d'Arcate, Anaverdikan, en lui montrant ses traités rompus par les Français et la neutralité consentie violée par eux. Cette violation n'était-elle pas une insulte directe à l'adresse du nabab? Rien ne pouvait être plus sensible à celui-ci qu'un manque de respect à sa personne. Porté jusqu'alors vers les Français, surtout vers Dupleix, à cause du titre de nabab que celui-ci possédait, ce prince n'en avait pas moins un grand dédain pour ces Européens, qu'il considérait comme des marchands; et il était homme à ressentir vivement cette blessure faite à son orgueil.

C'était une complication, et très grave. Dupleix entama des négociations pour les réduire, pour ramener le nabab à de meilleurs sentiments; ce fut en vain; mais, tout en prévoyant le résultat, il traînait les choses en longueur et poussait, avec une activité fébrile, l'instruction militaire des quelques forces européennes dont il pouvait disposer: quelques centaines d'hommes sur lesquels il pouvait compter, munis d'artillerie et qui, bien commandés, pourraient faire merveille. Un spectre se dressait devant lui, c'est-à-dire qu'il entrevoyait la possibilité d'une situation retournée, la ville de Pondichéry assiégée, succombant peut-être, et la fin de la domination française dans l'Inde. Que faire pour se tirer d'un aussi mauvais pas? D'abord, Dupleix n'hésita pas et usa de ses ressources personnelles. Dans son idée, préoccupé qu'il était par la grandeur de l'entreprise, c'était un prêt qu'il faisait à la Compagnie, et dont celle-ci le rembourserait plus tard, quand toutes les affaires seraient définitivement réglées, pour son plus grand bénéfice à elle, et pour l'honneur de la France.

N'avait-il pas, en outre, des lieutenants dont il était sûr, l'ingénieur Paradis, au besoin, son fidèle général, et d'une activité sans pareille; d'Espréménil, qui lui avait fourni déjà tant de preuves de capacité et de dévouement, et d'autres qui ne demandaient qu'à bien faire et à se sacrifier pour l'honneur et pour la

KALI, DÉESSE DU MEURTRE

gloire ? N'avait-il pas aussi sa femme, sa forte et digne compagne, calme comme lui, dans les mauvaises heures et toujours prête à le soutenir, à relever son âme, si elle fléchissait un peu, dans les jours de découragement ? Son plan ne fut pas long à élaborer. Jusqu'à ce moment, les Européens, anglais aussi bien que français, n'ont exercé aucun prestige sur la race indoue. Nous l'avons dit, les princes, sortes de seigneurs féodaux, les toléraient sans en prendre souci, avec la persuasion intime que, d'un signe, ils pouvaient les faire rentrer sous terre. A tout prix, aux yeux de Dupleix, c'est ce prestige qu'il faut obtenir, et il n'y a pas, pour cela, d'autre moyen que la force.

Le nabab, dans l'intention de le châtier, a réuni, contre lui une dizaine de mille hommes, presque tous cavaliers, dont il a donné le commandement à un officier de confiance, Maphiskan. Pour ces guerriers, ignorants de la supériorité que donne la discipline, l'issue de la lutte n'est pas douteuse. Aussi jouent-ils, avec leurs adversaires si peu nombreux, comme le chat avec la souris, paradant, caracolant, en gens qui se disent : « Voilà des malheureux que nous tenons à notre bon plaisir ! » Dupleix se rendait parfaitement compte des ressources de la coalition. Il savait que les Anglais, quoique se préparant à un grand effort, avaient du mal à grouper leurs forces dispersées ; que, sur la côte de Coromandel, le fort Saint-David seul restait en leur possession. Avec de la précipitation, du coup-d'œil, de l'énergie, n'était-il pas possible de les devancer ? Cette possession du fort Saint-David, aux yeux de Dupleix, ne tirait pas à conséquence. Ce qu'il fallait, d'abord, c'était battre le nabab et le réduire à merci.

Pour ce faire, il envoya l'ordre à d'Espreménil de tenir bon dans Madras, sans se laisser influencer par les fanfaronnades indoues, et d'attendre. L'officier auquel il s'adressait était digne de le comprendre, et son nom est resté l'un des plus nobles parmi ceux des braves qui firent là tout ce qu'ils purent, pour l'honneur de la France. Puis, ceci bien entendu, le gouverneur organisa un corps d'environ mille hommes en grande partie composé de cipayes, qu'il mit sous les ordres de Paradis. Le moment venu, d'Espreménil et Paradis devaient tenter une action combinée et écraser l'armée du nabab sous les murs mêmes de Madras. Une circonstance funeste faillit faire échouer ce plan. L'eau, tout d'un coup, fit défaut dans Madras; le fleuve ou plutôt la rivière qui alimentait la ville ayant été détournée par l'ennemi. Le manque d'eau, sous ces latitudes, est une chose horrible, c'est la mort. Coûte que coûte, il fallait conjurer le malheur par une victoire et détruire l'œuvre diabolique de Maphiskan.

D'Espreménil n'hésita pas. Muni de l'autorisation du gouverneur, il sortit de Madras avec un demi-millier d'hommes et deux pièces d'artillerie. Il faut revenir à la conquête de l'Algérie, pour retrouver des faits d'armes pareils. La cavalerie ennemie, dédaigneument, se jeta sur cette poignée de vaillants qui se tenaient, devant elle, comme une forteresse vivante, et qui, avec une précision étonnante, s'ouvrit au moment voulu. Alors, la décharge à mitraille des deux pièces d'artillerie fit, dans la masse des assaillants, des ravages énormes; puis, répétée deux et trois fois successivement, elle accentua une hésitation qui se changea bientôt en déroute. Mais cette victoire n'était qu'un commencement.

Pendant que le général d'Anaverdikan ralliait, aussi vite que possible, ses fuyards épouvantés, il apprit que Paradis sortait de Pondichéry pour se porter au secours de Madras. Maphiskan n'était point un sot. Il pensa que, pris entre les Français qui survenaient et ceux de la place, qui venaient d'infliger à ses troupes une si rude leçon, il était perdu. N'était-il pas plus simple d'aller au devant de ceux-là et de les anéantir ? C'est ce qu'immédiatement il prit la résolution de faire. Paradis, pour gagner Madras, avait à franchir une rivière, l'Adyar. C'est là que Maphiskan se porta pour l'attendre et lui barrer le passage. Le 4 novembre, conformément aux instructions qu'il avait reçues, Paradis atteignait les bords de l'Adyar. Il n'avait pas un canon et voyait l'artillerie indoue rangée sur l'autre rive. Heureusement, il savait ce que tout cela valait ; beaucoup de bruit et peu de besogne ! il commanda la charge, franchit la rivière avec ses hommes et se rua sur l'ennemi qui ne tint pas un instant. Les troupes du nabab se jetèrent dans le village de Saint-Thomé, qui donna son nom à la bataille, et où elles furent écrasées.

On était débarrassé des Indous. Ces deux victoires successives de d'Espreménil et de Paradis les réduisaient pour jamais au silence. Si les naturels ont su depuis qu'ils ne sont pas de taille à se mesurer avec les Européens, c'est ce jour-là qu'ils l'apprirent, grâce aux combinaisons de Dupleix et à l'ardeur de deux braves officiers. Mais ce n'était pas tout. Les Indiens écrasés et réduits, il fallait songer aux Anglais, et Dupleix résolut de leur enlever d'abord le fort Saint-David, où s'étaient réfugiés, sous les ordres du brave Clive, les restes de la garnison de Madras, une de ces fautes sans nombre que La Bourdonnais entassa, comme à plaisir, sous les pas de Dupleix. Ce fortin, derrière les murailles duquel se tenaient à peine deux cents hommes, arrêta net le conquérant de l'Inde. Il est vrai que la fatalité s'en mêla, et que, là comme partout, Dupleix la rencontra devant lui, jalouse de ses succès et de son génie. Lui, si ferme toujours, si entier dans ses décisions, eut un moment de faiblesse. Au lieu de mettre l'habile et actif Paradis à la tête du corps expéditionnaire organisé pour le siège du fort, il céda à de mesquines compétitions et confia le commandement d'une expédition si exceptionnellement délicate, si décisive, à un vieil officier du nom de Bury, auquel son âge donnait la préséance, ainsi que son grade. C'est là-dessus qu'avaient tablé les ennemis et les jaloux de Paradis.

Ce sont des concessions de cette nature devant des réclamations intéressées qui changent souvent le sort des batailles. Dupleix s'en aperçut trop tard, quand Bury, honteusement battu sous les murs mêmes du fort, rentra dans Pondichéry avec sa petite armée débandée. A partir de ce moment, tout semble se coaliser contre Dupleix, qui, ferme comme un roc, ne se décourage jamais. Il envoie Paradis reprendre le siège de Saint-David; mais, au moment où celui-ci s'établit sous les murs, une escadre anglaise apparaît, jette des hommes, des munitions et des provisions dans la place, puis fait voile sur Madras qu'elle menacera bientôt. Ce qu'il faut bien remarquer dans cette lutte admirable d'un homme contre les événements, c'est que l'Angleterre n'abandonne pas un instant les siens. Les secours partent de la métropole et arrivent. De France, rien. Le mauvais vouloir de la Compagnie ne cesse pas un instant. Il n'y a pas plus de patriotisme chez elle que de prévoyance à Versailles. Les vaisseaux en route pour l'Inde sont tous des vaisseaux anglais. Un éclair seulement de bon sens chez ces impardonnables aveugles, et l'Inde était à nous pour jamais. En Angleterre, ne craignons pas de le dire, car ces choses-là sont à la gloire d'un peuple, Dupleix serait enseveli à Westminster et aurait partout des statues. En France, c'est à peine si l'on connaît le nom du grand homme qui succomba, pauvre et presque méprisé, sinon condamné, pour avoir voulu donner un empire à son pays.

Il ne faut pas se lasser de répéter de telles choses, pour qu'elles ne se renouvellent pas, dans des occasions futures, si le hasard ou nos gouvernants veulent que la France devienne ce qu'elle fut, une puissance coloniale de premier ordre. A cette heure néfaste où l'on perdait, comme à plaisir, le Canada et l'Inde, nul ne se rendit compte des fautes commises ni des mesures à prendre, pas plus les ministres que les marchands qui se suicidaient. Comment, en dépit d'une telle indifférence, Dupleix soutint-il, aussi longtemps, tous les efforts d'une telle lutte? C'est inexplicable, et si les preuves n'étaient là, brutales et convaincantes comme des faits, on hésiterait à croire à tant de ressources et de génie dépensés, malgré l'indifférence de la métropole et l'hostilité, tantôt plus sourde, tantôt plus directe des envieux et des jaloux.

C'est ainsi qu'on imposa Bury à Dupleix, pour le commandement de cette expédition qui devait mettre le fort Saint-David entre nos mains. Il n'y avait, d'ailleurs, rien à dire : c'était la règle, et Bury prit le commandement par privilège d'âge. Cet officier n'était, cependant, ni lâche ni tout à fait incapable; mais il était vieux, et son âge, qui lui valait les honneurs, lui interdisait l'activité nécessaire et la rapidité des mouvements. Les vieux généraux, cela se comprend, ne peuvent avoir le coup d'œil et la décision de l'âge mûr. On ne tarda point à s'en apercevoir: Bury arriva devant le fort, à la date du 19 décembre, mais ce fut pour se replier aussitôt sur Pondichéry, à la suite d'une panique inexplicable, qui s'empara des troupes pendant la nuit; heureusement ralliées, elles firent bonne contenance devant les Anglais et les Indous et opérèrent leur retraite en bon ordre, sans perdre un canon.

Ce n'en était pas moins un échec; et il fallut recommencer sur de nouveaux frais. La petite armée, cette fois, sous les ordres de Paradis, reprit ses positions sous les murs du fort. L'issue ne paraissait pas douteuse, car, dans l'intervalle des deux expéditions, Dupleix, ayant habilement traité avec Anaverdikan, s'était assuré la neutralité du nabab, dont les troupes s'étaient retirées. Les Anglais étaient donc seuls, et un homme comme Paradis ne devait pas tarder à en avoir raison, lorsque le 14 janvier des voiles apparurent à l'horizon, avancèrent et déployèrent bientôt les couleurs anglaises. L'escadre attendue arrivait, sous les ordres de l'amiral Griffin. Paradis avait été à deux doigts du succès; la force des choses le lui arracha, et il lui fallut, comme Bury, mais pour d'autres raisons plus graves, regagner Pondichéry en toute hâte.

Les circonstances étaient graves, périlleuses même. En un instant, tout venait de changer de face, et il avait] suffi, pour cela, de l'apparition de l'escadre anglaise à l'horizon. Que faire? Des secours, Dupleix n'en attendait pas. Isolé, à six mois de la mère-partie,

BAILLI DE SUFFREN

n'ayant jamais pu faire entendre ses raisons, réduit à des ressources qui ne pouvaient avoir une durée éternelle, il se voyait d'assaillant assiégé; il voyait la flotte anglaise bloquant Pondichéry ou bombardant Madras, où d'Espréménil, digne de son chef, ne perdait ni l'espoir ni le courage. Jamais les lourdes fautes et les temporisations coupables de La Bourdonnais n'apparurent plus terribles, dans leurs sinistres conséquences.

Cependant, malgré cette surveillance active, une petite escadrille, bien commandée par un officier du nom de Bouvet, parvint à jeter quelques centaines d'hommes dans Madras. C'était un de ces faits comme il n'en manque pas, à l'honneur de nos troupes et de nos marins, dans cette campagne menée par un seul homme, avec toute l'ardeur d'une espérance qui ne voulait point faiblir. Mais ce n'était pas tout encore. Ces voiles anglaises n'étaient qu'une avant-garde. Bientôt allait apparaître, à son tour, sous les ordres de l'amiral Boscawen, une escadre, avec des troupes de renfort et des secours de toute nature. Qui faisait parvenir ces nouvelles à Dupleix ? La Compagnie ; et, chose étrange, à laquelle on ne voudrait pas croire, ceux qui lui transmettaient cet avis sinistre, contenant implicitement la perte de l'Inde et la ruine des actionnaires, ne lui parlaient d'aucun envoi de vaisseaux, d'hommes et d'argent.

Ce qu'il y a surtout d'admirable dans Dupleix, c'est qu'il n'est jamais plus maître de lui-même que dans les heures difficiles ; mais alors les événements se tournaient contre lui. Une nouvelle tentative échoua, sur le fort Saint-David qui, en notre possession avant l'arrivée de l'escadre, changeait la face des choses, en enlevant aux Anglais tout point de débarquement. Pour la troisième fois, les troupes, en désordre complet, reprirent la route de Pondichéry. C'était fini, il n'y avait plus qu'à se défendre dans une ville incomplètement fortifiée. Dupleix suppléa à tout.

Avec une activité fébrile, il fit exécuter des travaux de défense, élever des bastions qu'il arma, et, quand les Anglais se présentèrent sous les murs de Pondichéry; la place était à peu près en état de défense. Leur intention, du reste, n'était point de l'enlever par un coup de main. N'avaient-ils point le concours de l'escadre qui, du côté de la mer, allait bientôt bombarder la ville assiégée?

Ce siège de Pondichéry pourrait compter parmi les plus héroïques. Dupleix et ses officiers y firent des prodiges, ne cessant de harceler l'ennemi, de lui tuer du monde. La flotte de Boscawen avait paru devant Gondelour, sorte d'ouvrage avancé du fort Saint-David, le 4 août 1748 ; le 18, elle jetait l'ancre en rade de Pondichéry, tandis que plus de trois mille hommes de troupes anglaises et de nombreux équipages quittaient le fort et se dirigaient vers la ville. Par bonheur, ces hommes étaient mal commandés, et Boscawen, qui avait la direction suprême, marin plutôt que soldat, n'entendait rien aux choses militaires. On le vit bientôt aux échecs nombreux et successifs que les assiégés infligèrent à ses troupes, auxquelles on ne laissait point un moment de répit.

Quelquefois, c'étaient de véritables batailles qui se livraient sous les murs, où les officiers, pleins d'enthousiasme, électrisés par Dupleix, faisaient merveille. Les Paradis, les Bussy, les d'Autheuil, dont il faut retenir les noms, se jetaient au devant de l'ennemi, avec une ardeur inouïe. Mme Dupleix elle-même, dans ces moments terribles et difficiles, montra le courage d'un homme, et, grâce à sa connaissance de la langue indoue, au prestige qu'elle exerçait sur les naturels, elle avait organisé un service d'espionnage qui la renseignait sur tout ce qui se passait dans l'armée de Boscawen. Rien de plus précieux que de tels renseignements pour effectuer des sorties, toujours meurtrières, mais la plupart du temps heureuses. Mais les pertes étaient considérables. Une fut irréparable, celle de Paradis, tué au milieu d'une des actions les plus furieuses du siège. Dupleix perdait un de ses plus précieux auxiliaires, et le seul ingénieur qu'il possédât. Ce fut lui qui le remplaça.

Et dire qu'à Versailles il ne se trouvait point un avocat pour une telle cause. Dans les heures pénibles que nous traversons et où notre patriotisme, hélas ! a tant à souffrir, ce n'est pas sans une émotion vive et douloureuse que nous nous retournons vers ce triste et glorieux passé. Ce n'est pas sans fierté que nous voyons un tel homme, un tel Français, dominer quelques moments de l'histoire, de toute la hauteur de son ferme génie. Nous l'avons laissé dans une situation plus que critique, mais le cœur toujours haut et ne désespérant pas d'atteindre son but, lui, l'abandonné que des forces supérieures assiègent, et qui n'a plus, dans l'Inde, pour ainsi dire, que le point du sol où il pose ses pieds. N'importe ! non seulement il résiste, mais il attaque. Il se montre artilleur de premier ordre, foudroie les batteries anglaises, se prodigue, se multiplie, au point de désespérer Boscawen que cette défense acharnée intimide et que la saison qui s'avance trouble aussi, pour la sécurité de ses vaisseaux.

Partout où il a tenté un effort, il a été repoussé. Un instant, il a espéré jeter la panique dans la ville par un terrible bombardement. Peine perdue ! Les canons de Pondichéry répondent aux siens, les font taire, avec une rage inouïe. C'est un duel sans cesse renouvelé, dans lequel l'assiégeant a sans cesse le dessous. Aussi Dupleix fut-il peu surpris d'apprendre, le 14 octobre, que Boscawen levait le siège et se préparait à regagner le fort Saint-David. Pondichéry était sauvé. La plus difficile des situations tout à coup devenait brillante. Dupleix, enfermé dans Pondichéry, se relevait avec plus de prestige que jamais. Madras, où d'Espréménil n'avait été inquiété qu'à peine, lui appartenait encore. C'était plus qu'il n'en fallait pour compter sur un retour des choses et songer, de nouveau, à la conquête définitive. Dupleix n'était pas homme à y renoncer.

CHAPITRE IV

RÊVE DE DUPLEIX. — NÉGOCIATIONS AVEC LES NABABS. — MOUSAFER-SINGUE ET CHANDA-SAÏB ALLIÉS DE DUPLEIX. — BATAILLE D'AMBOUR ET PRISE D'ANAVERDIKAN PAR LES GRENADIERS FRANÇAIS. — SURPRISE ET MASSACRE DE L'ARMÉE INDOUE. — FUITE DE MEHEMET-ALI. — PRISE DE GINGY PAR BUSSY. — MARCHE EN AVANT. — MORT DE NASER-SINGUE.

Sorti vainqueur d'une lutte où tout avait été contre lui, Dupleix n'était pas homme à s'endormir dans la victoire. C'était déjà quelque chose de s'être débarrassé de Boscawen et des Anglais, mais ce n'était pas tout. Dupleix, dont les ressources en hommes étaient des plus restreintes, sentait que sa situation ne serait jamais assurée, tant qu'il n'aurait pas la haute main sur le Carnate et le Dékan, c'est-à-dire sur toute la partie méridionale de la presqu'île. Avec les princes indiens pour vassaux, il devenait inexpugnable et il voyait, de là, la domination française s'étendre petit à petit et finir par être maîtresse de l'Indoustan.

C'était un beau rêve, et nul mieux que lui n'était à même de le réaliser. Mais, maintenant qu'il avait le prestige des armes, c'était à la diplomatie qu'il lui fallait avoir recours, pour mener à bien ses vastes projets. Les nababs, malgré sa victoire, lui demeuraient sourdement hostiles, et parmi les plus importants, cet Anaverdikan, qui d'abord avait été pour lui, puis, qu'il avait battu et qui, finalement, s'était retourné du côté des Anglais. Un autre adversaire, qui n'était pas à dédaigner, c'était le vieux Nizam-el-Molouk, qui tenait le Carnate, et dont l'influence était considérable. Heureusement, dans les premiers jours de l'année 1749, le Nizam mourut, laissant son héritage et ses prérogatives à son petit-fils Mousafer, au détriment de son fils Naser-Singue. Des complications devaient inévitablement naître, à la suite de cette succession, et Dupleix comprit, du premier coup, tout le parti qu'il en pourrait tirer.

D'un autre côté, Chanda-Sahib, fils de l'ancien nabab détrôné du Carnate, avisait Dupleix qu'ayant noué des intelligences avec les Mahrattes, réputés pour fournir la meilleure cavalerie de l'Inde, il était prêt lui-même à revendiquer ses droits, appuyé sur une armée nombreuse et disposée à entrer en campagne. Dupleix, d'abord, se contenta d'observer ; il avait, en ce moment, à sa disposition, des forces d'environ six mille hommes, dont deux mille européens, et une formidable artillerie, bien approvisionnée et bien commandée. Il accueillit les ouvertures de Chanda-Sahib, laissa l'héritier dépouillé Naser-Singue battre l'héritier désigné Mousafer, et alors, avec une habileté rare, sut mettre le vaincu en rapport avec Chanda-Sahib, qui lui parla du grand Français, de sa puissance et de l'avantage qu'il y aurait à tirer d'une alliance avec lui pour avoir raison de Naser-Singue et le mettre dans l'impossibilité de revendiquer ses prétendus droits.

Mousafer, faible et peu intelligent, n'eut pas de mal

à se laisser convaincre ; un traité fut conclu entre lui et Chanda, sous la condition que celui-ci obtiendrait le concours de Dupleix. Le sauveur de Pondichéry voyait ainsi ses vœux comblés ; il ne se jetait pas dans la mêlée, on l'appelait, et, pour prix de ses services, on s'engageait à remettre à la Compagnie, en toute propriété, d'importants territoires. Le reste allait de soi : Naser-Singue une fois battu, ce qui ne faisait pas de doute, grâce au concours des terribles soldats européens, Mousafer était reconnu comme soubab du Dékan, Chanda-Sahib reprenait ses droits sur le Carnate, et Dupleix, c'est-à-dire la France, prenait la suzeraineté tant convoitée sur ces deux territoires. L'entreprise était d'autant moins hasardeuse que Mousafer était un prince irrésolu, très malléable, livré aux passions, entre autres à l'intempérance, et dont l'effacement complet était chose facile.

La résolution une fois prise, il ne fallait pas perdre de temps, car il était notoire que, de leur côté, les Anglais intriguaient. Entrer en campagne, frapper immédiatement un grand coup, en un mot se donner le prestige de la victoire, voilà ce qu'il fallait faire, et Dupleix n'hésita pas. Aussitôt, il réunit un petit corps d'armée solide, composé de Français et de cipayes, muni d'une bonne artillerie, et le plaça sous le commandement de d'Autheuil, vieil officier très brave, incomparable même dans l'action, avec ordre de rejoindre, au plus vite, l'armée des deux alliés. La marche fut si rapide et l'affaire si bien menée que, le 3 août même, près du village d'Ambour, Anaverdikan était battu et tué, sans que les troupes de Chanda-Sahib et de Mousafer eussent pris part à l'action. Peu

ÉLÉPHANTS ET RHINOCÉROS.

après, les troupes victorieuses faisaient leur entrée dans Arcate, et Mousafer venait à Pondichéry s'incliner devant Dupleix, comme un vassal. La conduite des Français au feu l'avait ébloui, et il n'était pas éloigné de regarder comme des démons ces hommes qui avaient raison, à une poignée qu'ils étaient, des masses ennemies, et qui lui semblaient presque invulnérables.

Cette bataille d'Ambour, importante, décisive même, n'avait pas été gagnée sans pertes. D'Autheuil blessé au commencement de l'action, avait dû céder le commandement à Bussy, qui n'avait plus, d'ailleurs, qu'à présider à la déroute et au massacre. En outre, si c'était un incontestable et même grand succès, il restait de la besogne à accomplir. Dupleix paraissait sûr de Mousafer, ébloui par la victoire et par la pompe avec laquelle il avait été accueilli par le gouverneur ; mais, si la capitale du Carnate était dans ses mains, les dissidents tenaient encore dans deux forteresses importantes, Gingy et Trichinapaly, où s'était réfugié Mehemet-Ali, le dernier fils d'Anaverdikan. Cette place, il fallait la prendre, sous peine d'avoir accompli de la besogne presque vaine; mais Dupleix se heurta, de nouveau, à des indécisions, à des hésitations, comme à Madras, et ce fut avec toutes les peines du monde qu'il décida les alliés à mettre le siège devant la place, et encore dut-il faire les frais de la campagne.

Pous la seconde fois, et dans des conditions identiques, le sort se tournait contre lui ' Pendant que Chanda Sahib et Mousafer entraient mollement en campagne, Naser-Singue ne perdait point son temps, et il envahissait le Carnate, à la tête de trois cent mille hommes. Il ne faut point se laisser éblouir par de tels chiffres, surtout après les merveilleuses victoires remportées par les soldats de Dupleix sur d'innombrables adversaires ; mais, incontestablement, la situation devenait difficile. Elle se compliqua bientôt par la débandade des deux alliés, qui, avec leurs troupes en désordre, protégées seulement par le petit corps de troupes françaises, se jetèrent en fuyards dans Pondichéry, l'ennemi les suivant de très près. Allait-on avoir à subir un second siège ? L'attitude des Anglais n'était pas non plus rassurante, et peut-être ne demandaient-ils pas mieux que de saisir l'occasion de réparer un échec et de reprendre un ascendant diminué par les circonstances, et principalement par la levée du siège de Pondichéry. Ainsi, sans déclaration directe d'hostilités, ils avaient des troupes dans l'armée de Naser-Singue, soudoyées par celui-ci, et constituant, en face des contingents de Dupleix, un élément dangereux.

Aussi, Dupleix, qui, comme tous les chefs résolus, était partisan de l'action rapide, conseillait-il à d'Autheuil, guéri de sa blessure, de prendre l'offensive et de jeter le désarroi, dans les rangs ennemis, par un coup de foudre. Il écrivait, à ce sujet, au commandant en chef, des lignes que nous trouvons dans le livre de M. Tibulle Hamont, un monument élevé, en attendant une statue, à la mémoire de Dupleix, à l'aide d'une grande partie de sa correspondance, et qui méritent d'être reproduites. On les dirait datées d'hier, tant elles sont vraies encore aujourd'hui :

« *Le soldat français, écrivait-il, ne vaut que pour* « *l'offensive. Il s'impatiente et se gâte dans l'inaction*. Vous « n'ignorez pas l'avantage de celui qui attaque. Tâ-

« chez d'en profiter. Vous savez que les gens de ce « pays sont aisés à surprendre. Donnez-leur alerte « dès la plus petite pointe du jour. A-t-on oublié « l'affaire d'Ariancoupan, celle d'Ambour, où trois « cents braves gens ont su forcer l'ennemi, retranché « avec autant de canons qu'il en a à présent? Vous « n'aviez alors que cinq ou six pièces. »

D'Autheuil se conforma à ces instructions et attaqua, avec assez de bonheur pour faire reculer les troupes de Naser-Singue, dont les Anglais se contentèrent de contempler la déroute, après avoir cependant engagé l'action eux-mêmes, en tiraillant sur nos avant-postes. Mais alors il se produisit un fait honteux qui arrêta, en même temps que la marche en avant du commandant, les combinaisons de Dupleix. Un grand nombre d'officiers firent défection, et il ne restait plus au petit corps d'armée vainqueur, que la ressource d'une retraite qui rendit le courage à Naser-Singue. Au bout d'une journée de lutte héroïque, on arriva sous les canons de Pondichéry ; seulement, pendant la retraite courageusement couverte par la cavalerie de Chanda-Sahib, le faible Mousafer, croyant sans doute à la défaite complète, s'était livré à son rival, et Dupleix, pris d'une rage violente contre les officiers rebelles dont la défection lui arrachait la victoire, se redressa, comme toujours, contre l'adversité, entama des négociations avec Naser-Singue, en s'attachant surtout à lui faire voir que Mousafer sacrifié, ses deux fils, qui étaient à Pondichéry, gardaient tous ses droits, et que tous les moyens n'étaient pas perdus de les faire valoir.

Puis, tout d'un coup, au milieu des négociations qui n'étaient entamées que pour masquer ses projets, il donna l'ordre à d'Autheuil de distraire de son armée trois cents hommes d'élite, en confia le commandement à un officier hardi, nommé de la Touche, qui, d'après les instructions du gouverneur, renouvela le fait d'armes de Léonidas aux Thermophyles, surprit l'armée indienne endormie pendant la nuit profonde, fit un carnage épouvantable, incendia le camp et ne se replia, à la tête de son détachement intact, sur le quartier de d'Autheuil, que lorsque l'armée de Naser-Singue, en proie à la plus grande panique, s'enfuyait dans toutes les directions.

C'était un triomphe complet, mais la situation, pour être un peu meilleure, n'était pas encore brillante. Mehemet-Ali, l'allié du fuyard, tenait toujours dans Trichinapaly ou campait dans les environs, avec une armée considérable que venaient augmenter, chaque jour, les contingents débandés de Naser-Singue. Dupleix résolut d'en avoir raison, et de terminer, par la défaite du nabab, la conquête du Carnate. Sur son ordre formel, d'Autheuil attaqua et remporta l'avantage, malgré la présence de troupes anglaises dans les rangs ennemis. Mais là, comme si la fatalité se plaisait à jeter l'indécision au moment propice, dans l'âme des officiers de Dupleix, d'Autheuil s'arrêta, et les plans, si habilement combinés par le gouverneur, échouaient encore, si Mehemet-Ali n'avait, pour ainsi dire, offert lui-même la victoire et forcé d'Autheuil à le battre à plate couture à Tiravadi.

Les choses en étaient là : Mehemet-Ali en fuite et ses troupes dispersées. Celles qui avaient pu se réunir s'étaient réfugiées dans la forteresse presque imprenable de Gingy, un véritable nid d'aigle sur une montagne, la clef d'Arcate, lorsque Bussy, dont nous avons

MORT DE NASER—SINGUE.

déjà vu précédemment la décision et l'énergie, proposa à Dupleix de s'en emparer par un coup de main et lui exposa ses plans, qui furent acceptés. Ici se place un de ces brillants faits d'armes qui ne sont pas rares dans nos annales militaires et qui sont l'honneur éternel des chefs qui les commandent et des soldats qui les exécutent. Tous les historiens de la conquête de l'Inde le relatent, avec une admiration légitime ; mais nul n'en a mieux décrit les différentes péripéties que M. Tibulle Hamont, que nous citerons encore. Le fait d'armes en vaut la peine, et la page est assez belle pour mériter la reproduction :

« Le 11 septembre, Bussy arriva devant la ville, avec deux cent cinquante Européens, quatre cents cipayes et quatre pièces de canon. La reconnaissance des défenses de l'ennemi, la force de la position, le nombre des obstacles matériels, la difficulté de l'ascension ne refroidirent pas l'ardeur du jeune général. Persuadé de l'impossibilité d'un siège régulier, il voulait prendre la ville d'assaut. Il comptait sur son audace, son habileté, la bravoure de ses troupes, la pusillanimité de l'ennemi. Il y avait certes bien des chances de succès ; mais un revers était possible pourtant.

« Nos troupes pouvaient être contraintes de s'arrêter devant une de ces barrières matérielles contre lesquelles l'énergie et le courage demeurent impuissants. Heureusement, l'ennemi fit une faute colossale. Il quitta les hauteurs de Gingy, où il était si redoutable, pour descendre dans la plaine parsemée de villages où nous étions campés, et vint à notre rencontre dans un ordre de bataille des plus mauvais. La cavalerie était en tête ; l'infanterie suivait immédiatement. Comme d'habitude, le feu de nos canons dissipa rapidement les cavaliers hindous, qui, débandés, se rejetèrent sur l'infanterie et y mirent le désordre. La vivacité du feu, une charge à la baïonnette de Bussy, l'arrivée de d'Autheuil avec ses compagnies, amenèrent l'entière déroute de l'ennemi. Bussy, poussant les fuyards, l'épée dans les reins, gravit avec eux les pentes de la montagne et arriva en même temps qu'eux sous les remparts de la ville, malgré une grêle de balles et de boulets, qui partaient des créneaux de l'enceinte. La plus grosse partie des Hindous put traverser les ponts et fermer les portes, et un feu terrible s'abattit sur les soldats français à découvert et au pied des murs.

« La position n'était plus tenable ; il fallait redescendre en vaincu les pentes si audacieusement gravies, ou pénétrer immédiatement dans la ville. Bussy s'arrêta à ce dernier parti. On réussit à appliquer un pétard le long d'une porte et à la faire sauter. La petite armée de Bussy s'engouffra aussitôt sous la voûte, et un combat acharné commença dans les rues de la ville. Malgré la fusillade qui partait des fenêtres, les attaques réitérées de l'ennemi et les feux croisés des citadelles qui dominaient la ville, Bussy, le soir, était maître de la cité ; mais les forts tenaient toujours, et leur tir devenait de plus en plus vigoureux. On s'abritait tant bien que mal, on ripostait avec les pièces de campagne et quelques mortiers ; mais il était clair que l'artillerie française ne parviendrait jamais, à cause de sa faiblesse numérique, à réduire au silence les batteries ennemies. Que nous réservait l'apparition du jour, si les forts restaient au pouvoir des Hindous ? Il y aurait une recrudescence du bombardement, un retour offensif de l'ennemi. On perdait déjà beaucoup de monde. Que serait-ce, lorsque les canonniers de Méhémet-Ali ne tireraient plus au hasard et concentreraient le feu de leurs pièces sur la poignée de Français qui occupait la ville?

« Bussy, tout de suite, vit qu'il fallait aller de l'avant et marcher, sans perdre une minute, sur les citadelles ; il forma trois détachements, et leur désignant les forts à enlever, il les lança à l'attaque ; lui-même prit le commandement des sections qui opéraient contre le principal ouvrage. L'ennemi s'était barricadé sur les versants que nos troupes avaient à gravir; de là, il faisait pleuvoir une grêle de balles sur l'assaillant. Ni la difficulté du sol, ni les retranchements, ni la mousqueterie, ni la canonnade n'arrêtèrent l'élan des compagnons de Bussy. Au matin, les citadelles étaient à nous, et les vainqueurs eux-mêmes s'étonnèrent de leur victoire, quand, à la clarté du soleil levant, ils virent les fortifications prises en si peu d'heures. »

La forteresse de Gingy mise en notre possession par ce hardi coup de main, il ne restait plus qu'à marcher sur Arcate. Dupleix donna des ordres en conséquence à d'Autheuil qui se porta en avant, mais qui se laissa bientôt arrêter par des pluies torrentielles, malgré les instances du gouverneur. Encore une fois, c'était du sang inutilement versé, des peines vainement dépensées, si des émissaires des nababs de Canoul et de Cadapa, fatigués des exigences et des cruautés de Naser-Singue, ne fussent venus proposer à Dupleix, contre des garanties, de faire défection à la prochaine bataille. Le signal de cette défection serait donné par le pavillon français arboré sur le front des troupes.

En même temps, Naser-Singue cherchait aussi à négocier, mais sans franchise, simplement pour gagner du temps, et ses messagers, reçus avec hauteur par Dupleix, avaient repris leur route sans avoir rien conclu. Il est vrai que le gouverneur réclamait la mise en liberté immédiate de Mousafer et la remise, entre ses mains de la nababie d'Arcate.

Selon toute apparence, Naser-Singue, fatigué de la guerre, et, de plus, brisé par les excès, aurait fini par céder. Mais Dupleix, avec sa décision habituelle, quand rien ne venait contrarier ses projets, intima l'ordre à de la Touche qui remplaçait d'Autheuil dans le commandement, d'attaquer le nabab, dont les tergiversations lui donnaient quelques inquiétudes et lui paraissaient louches, et, dans la nuit du 15 novembre, le commandant français, renouvelant sa précédente surprise, commença l'attaque. Au jour, on aperçut Naser-Singue ayant à ses côtés Mousafer, s'efforçant de rallier son armée déjà en déroute, et considérablement diminuée par la défection des deux nababs qui avaient noué des intelligences avec Dupleix. Atteint d'une balle au front, Naser-Singue expira avant d'avoir pu donner l'ordre d'exécuter son prisonnier, et, sur le champ de bataille même, Mousafer fut proclamé nabab du Carnate. La moitié des projets de Dupleix était accomplie : Mousafer-Singue était son vassal, le vassal de la France.

CHAPITRE V

GRANDEUR DE DUPLEIX. — SES DÉTRACTEURS. — MOUSAFER-SINGUE A PONDICHÉRY. — PROJETS DE CONQUÊTE DU DÉKAN. — DUPLEIX SE SÉPARE DE BUSSY, QUI ACCOMPAGNE MOUSAFER DANS SA MARCHE SUR LE DÉKAN. — MORT DE MOUSAFER. — TRICHINAPALY AU POUVOIR DE MÉHÉMET-ALI ALLIÉ DES ANGLAIS. — EXPÉDITION DE D'AUTHEUIL. — IL EST REMPLACÉ PAR LAW. — INCAPACITÉ DE CELUI-CI. — DÉSASTRE DE TRICHINAPALY. — DUPLEIX NE DÉSESPÈRE PAS.

En ce moment, Dupleix est à l'apogée de la fortune, et peut-être va-t-il perdre un peu de ce sang-froid qui ne l'abandonna jamais dans les occasions les plus difficiles de sa vie. Cela se voit ; la gloire grise parfois un peu les hommes que l'adversité n'entame pas. Dupleix obéit-il à un mouvement d'orgueil, lorsqu'il se proposa de porter son nom jusqu'à des limites momentanément trop reculées ? Envisagea-t-il seulement l'influence française que les circonstances lui permettaient d'étendre au loin, du moins à son idée ? Il est difficile de se prononcer là-dessus. Toujours est-il qu'il prit alors une mesure néfaste, qui allait bientôt peser de tout son poids dans la balance de sa fortune.

Ses détracteurs d'alors lui reprochèrent son faste,

et ne comprirent pas ou ne voulurent pas comprendre sa politique habile qui le poussait à éblouir ses vaincus devenus ses alliés. C'est ainsi qu'on lui reprocha, en termes amers, la fameuse cérémonie de Pondichéry, où, au milieu d'une pompe sans pareille, il reçut les hommages de Mousafer-Singue et de tous les seigneurs de son armée. Avec une connaissance profonde du caractère des indous, Dupleix savait qu'ils sont sensibles à toutes les choses extérieures, et qu'à leurs yeux le luxe est un signe de force et de puissance. Cependant, l'ambition du prince indien, surexcitée par les victoires successives des armes françaises, ne connaissait plus de bornes. Avec de tels soldats, il se savait invincible, et il se mit à faire toutes les démarches possibles, près de Dupleix, pour obtenir, de lui, une force imposante, avec laquelle il se proposait de gagner ses états et de conquérir Aurungabad.

Dupleix se laissa séduire. Ce fut une faute. Quoique vainqueur, il ne devait cependant pas croire que les Anglais le laisseraient éternellement tranquille et que ces patients adversaires avaient désarmé. Le fort Saint-David était toujours à eux, cependant, et sa possession était une sorte de menace constante dont il eût été bon de ne pas faire fi. Rien même ne pouvait lui être plus agréable que de telles propositions. A son avis, des soldats européens, commandés par des hommes énergiques, garantiraient la fidélité du souverain du Dékan, sincère alors, mais qui pouvait fléchir, un jour ou l'autre, grâce à cette mobilité de caractère et d'impressions, qui est l'apanage de la population indoue.

Après des hésitations plus calculées que réelles, et faites pour enflammer les désirs de Mousafer, en même temps que pour en tirer des avantages plus considérables et plus précieux, Dupleix céda et donna à Mousafer-Singue un corps expéditionnaire de deux mille hommes, avec une batterie d'artillerie. Parmi ces deux mille hommes, il y avait trois cents soldats français. Le contingent n'était pas énorme, mais la valeur des hommes lui donnait une extrême importance. C'était Bussy qui devait les commander, l'énergique et entreprenant Bussy, dont l'absence et l'éloignement se feront bientôt cruellement sentir, dans les heures prochaines où les hommes manqueront à Dupleix. Les dix officiers qui l'accompagnaient comptaient aussi parmi les meilleurs de l'armée. L'histoire a conservé les noms de ces vaillants hommes, gardiens de l'honneur français dans ces contrées éloignées, presque inconnus, et nous nous faisons un devoir de les citer. C'étaient, outre Kerjean dont le nom est déjà connu, le major Vincent, les lieutenants Dugray, Aimard, les enseignes Ligny, Féjac, le Normand, Aumont, Clérac et le maître canonnier Gaveau.

Mousafer-Singue, fier d'être accompagné par la petite armée, quitta Pondichéry le 15 janvier 1751, pour gagner Golconde. Tout paraissait aller pour le mieux, dans les premiers jours du voyage, lorsque des symptômes de révolte se manifestèrent. Quelques nababs, ayant des prétentions à l'édifice de la fortune de Mousafer, voulurent poser leurs conditions, ou du moins se préparer à faire valoir leurs services. Après avoir pénétré sur le territoire de Cadapa, ils accentuèrent leurs exigences, tinrent une conduite très ambiguë, se montrèrent hautains vis-à-vis de la petite escorte française. Bref, ils firent tant et si bien que la patience échappa à Mousafer-Singue, et que les rebelles furent défaits dans un combat homérique, dont le succès fut décidé cependant par les troupes françaises.

Malheureusement Mousafer avait succombé dans la lutte, et la question d'hérédité se présentait à Bussy grosse de difficultés. En outre, le fidèle officier de Dupleix se voyait entouré par des masses indoues

HINDOUS.

dont le nombre seul pouvait les écraser, lui et ses valeureux compagnons. Mais le nom du grand Français exerçait encore un souverain prestige, et ce prestige rejaillissait sur Bussy, qui fit la loi. Le fils aîné de Naser-Singue, Salabet, fut reconnu comme souverain de Golconde et du Dékan et, en présence de toute l'armée, fut investi, et rendit hommage à Dupleix, dans la personne de ses représentants. C'était la consécration de l'influence française. Après une marche difficile, pendant laquelle on eut à lutter contre les dissidents, et où les Français s'emparèrent de Canoul, par un hardi coup de main, digne des héros de Gingy, on arriva le 20 juin à Aurungabad, où eut lieu le couronnement de Salabet-Singue.

Ainsi, dans la personne de deux vassaux, Salabet-Singue et Chanda-Saïb, et grâce à l'habileté et à l'énergie de Bussy, Dupleix était maître du Carnate et du Dékan. Mais la possession définitive ne devait être assurée qu'après de nouveaux combats contre les cavaliers mahrattes de Baladgi-Rao, que les soldats français, commandés par leurs vaillants officiers, ne tardèrent pas à tailler en pièces, malgré leur nombre cent fois supérieur. Tout, dans cette conquête de l'Inde rappelle les exploits des Grecs contre les Perses, et les moindres batailles touchent à l'épopée. Baladgi-Rao dompté et réduit à merci, il ne restait plus que Méhémet-Ali et les Anglais. Ceux-ci, vaincus dans les précédentes batailles, ne paraissaient pas dangereux. Mais, hommes à saisir les moindres occasions propices, ils voient une fissure dans l'édifice si laborieusement élevé par Dupleix, et c'est par là qu'ils se glisseront. Cette fissure, c'est l'abandon de la mère-patrie.

Cependant, en dépit des conventions conclues, Trichinapaly demeurait toujours au pouvoir de Méhémet-Ali, qui ne semblait prendre aucune disposition pour l'évacuer, et qui de plus était protégé par les Anglais qui lui avaient fourni une petite garnison. Au commencement de 1751, ils augmentèrent ces forces dans de notables proportions, et Méhémet-Ali, qui savait ce que valaient les troupes européennes, se crut en mesure de résister à Dupleix et de violer les engagements précédemment contractés. C'était presque une déclaration de guerre, et Dupleix, toujours prêt à faire face aux événements, le comprit ainsi. Malheureusement il était privé du concours de ses meilleurs et de ses plus actifs officiers. Il ne fallait pas songer à Bussy, engagé dans son expédition lointaine. D'Autheuil seul restait, riche en états de services exceptionnels, mais vieux, goutteux, toujours brave, mais plus incapable d'initiative que jamais et facile à démoraliser.

Ce fut lui cependant que Dupleix choisit pour le seconder dans ses projets. A tout prix il fallait frapper un grand coup et s'emparer de Trichinapaly. Pour cela d'Autheuil avait, sous ses ordres, cinq cents Français seulemeut et un fort contingent de troupes indigènes. Il se mit aussitôt en marche, muni des instructions précises de Dupleix. Mais les Anglais, instruits de la marche en avant, firent du chemin, de leur côté, et vinrent s'installer à quelques lieues de Trichinapaly, dans un endroit de peu d'importance, nommé Volcondapuram, sous les yeux de d'Autheuil, qu'ils eurent l'audace d'attaquer. Celui-ci, retrouvant au feu sa valeur et son énergie passées, repoussa l'attaque, mais là se borna son effort, et, au lieu de poursuivre les Anglais l'épée dans les reins, il arrêta l'élan de ses soldats et laissa l'ennemi se retirer en bon ordre sur Trichinapaly.

On ne pense pas, sans angoisses, à ce fatal concours de circonstances qui, dans les occasions les plus critiques, déjouait les plans de Dupleix et mettait à néant ses plus habiles combinaisons. Cependant d'Autheuil, quoique malade, se jetait à petites journées sur les pas des Anglais ; mais, épuisé, sans forces, et, chose terrible pour un homme d'action, sentant son énergie décroître à chaque instant, il demanda lui-même son rappel, exposant, en termes dignes, qu'il n'était plus à la hauteur des circonstances, et que le commandement, dans ses mains, périclitait. Dupleix écouta les légitimes réclamations de ce vieux compagnon, qui depuis des années lui avait rendu tant de services. S'il avait eu sous la main le valeureux Bussy, il n'aurait pas donné à d'Autheuil d'autre successeur. Mais Bussy était loin, dans une position assez difficile lui-même, et d'Autheuil fut remplacé, devant l'ennemi, par un officier incapable, assez brave soldat, mais sans coup d'œil et sans prestige, le neveu du célèbre financier Law, et qui portait le même nom.

En prenant possession de son commandement, Law ne vit point ce qu'il avait à faire, et, malgré les instructions précises et pressantes de Dupleix, il ne tenta rien, malgré la valeur des troupes sous ses ordres. Bien au contraire, il les laissa s'énerver dans l'inaction et dans l'attente. Pour comble de malheur, il trouva devant lui un vrai soldat, l'anglais Clive, homme de ressources, qui laissant les Français s'user devant Trichinapaly où il savait une garnison suffisante, se déroba et s'empara, par un hardi coup de main, de la ville d'Arcate. D'assaillis, les Anglais devenaient assaillants, et dès lors, malgré les prodigieux et incessants efforts du génie de Dupleix, malgré tous les renforts possibles envoyés à Law, celui-ci entassa fautes sur fautes, laissa ravitailler la garnison de Trichinapaly, sans bouger lui-même d'une semelle. On l'eût dit en proie à une de ces paniques qui, à de certains moments, sévit sur les armées, et quoique à la tête d'un corps de troupes intact, qu'aucun échec n'avait jusqu'alors affaibli numériquement et dont il était facile de relever le moral par un coup heureux, il s'enferma dans l'île de Sheringam, une motte de terre entre les deux rives du fleuve Cauveri, et cela malgré les remontrances indignées de Chanda-Saïb, qui dans ce renoncement devinait la catastrophe prochaine.

Dans des circonstances aussi critiques, Dupleix, informé de ce qui se passait, fit appel au dévouement de d'Autheuil et releva Law de son commandement. Hélas! il était trop tard. L'incapable Law, bloqué dans l'îlot où il s'était réfugié avec ses troupes d'élite, capitula quand les vivres commencèrent à manquer, sans songer à s'ouvrir une route les armes à la main, et qu'il n'avait qu'un signe à faire pour se faire suivre des soldats invincibles qui, depuis des années s'étaient illustrés sur tous les champs de bataille de l'Inde. Ce fut une honte. « L'armée française, dit M. Tibulle « Hamont, était prisonnière de Méhémet-Ali. 35 offi- « ciers, 785 soldats, 2000 cipayes mirent bas les armes « devant le commandant anglais qui agissait au « nom de l'héritier d'Anaverdikan. 41 canons furent « livrés. Au même moment, un esclave de Méhémet- « Ali apportait la tête de Chanda-Saïb à son maître. « Law avait voulu le sauver, en le mettant sous la « protection de Manokgi, général dans l'armée du « rajah de Tanjore. Celui-ci accepta avec empresse- « ment la mission d'assurer le salut du nabab vaincu, « et reçut une forte somme d'avance. Chanda-Saïb, « confiant dans les serments du rajah, se livra sans « inquiétude aux gardes de Manokgi, et monta dans le « palanquin qui, dans l'obscurité de la nuit, devait « le transporter au camp de son libérateur. Il en « descendit pour être jeté en prison. »

Sur les suggestions des Anglais qui ne voulaient pas assumer l'horreur d'un pareil meurtre, Manokgi fit trancher la tête du vaincu. Ainsi Dupleix se trouvait sans soldats, sans alliés, privé d'un matériel considérable, et pourtant il ne désespéra pas. Le désastre accompli, il songe aussitôt à la réparation. Rien n'est plus beau, dans les fastes de l'histoire romaine, que l'attitude de ce vaincu, que sa solitude n'effraie pas et qui songe à rétablir sa fortune, quand il n'a plus, pour ainsi dire, ni hommes ni canons. « A ce moment, « écrit M. Tibulle Hamont, dont on ne saurait se « lasser de citer les belles pages, Dupleix arrive à « l'apogée de la grandeur morale. Seul, n'ayant pour « aide que sa femme, il recommence la lutte, et par « la puissance de son génie tient tête à tant d'adver- « saires, triomphe, et ne cède que lorsque la patrie « elle-même vient le frapper au cœur. »

Le premier adversaire que rencontra Dupleix fut l'opinion publique. Dans la colonie, la résistance était considérée désormais comme impossible, puisqu'elle se trouvait fatalement réduite à la défense de Pondichéry et de quelques forts environnants, sans soldats. La capitulation de Law semblait entraîner fatalement la perte de l'Inde. Seul, Dupleix ne capitulait pas, malgré les nouvelles qui lui parvenaient d'Europe, de la Compagnie des Indes, et qui lui prescrivaient de prendre souci, avant tout, de l'intérêt commercial, sans se mettre en peine de conquêtes dont on ne voyait pas bien, à Paris, l'avantage et les bénéfices. On ne s'y doutait même pas que la lutte était désormais établie entre deux influences, l'influence française et l'influence anglaise, et que le triomphe de l'une anéantissait fatalement l'autre à jamais. Le pire côté de sa situation, c'est que, Chanda-Saïb mort, il n'avait plus de prétendant à opposer à Méhémet-Ali, par conséquent pas d'alliés, et que toutes les troupes indoues, revenues sur l'idée de son prestige, allaient se tourner contre lui. Les Anglais et les Indous, c'était trop de moitié, et pourtant, malgré des ressources précaires, Dupleix n'eut pas un moment d'hésitation.

Une chose le confirmait aussi dans son idée de résistance. C'était l'arrivée prochaine des renforts annuels. Que ne pouvait-il faire, avec des troupes fraîches, ardentes et disciplinées, s'il lui était permis d'attendre jusque-là. D'autres, à sa place, avec autant de courage que lui, mais moins d'habileté et de prévoyance, se seraient empressés d'expédier à Bussy l'ordre de revenir. Mais Bussy était le maître encore à la cour de Salabet-Singue. Le Dékan était à lui, donc à Dupleix, à la France. Comment abandonner une telle conquête, qu'aucun projet ne paraissait inquiéter et qui exerçait sur l'esprit des populations une influence considérable? Dans l'esprit de Dupleix, la force morale devait compter au même rang et au même titre que la force matérielle.

En outre, avec cette habileté dont il avait déjà donné tant et de si grandes preuves, il semait et entretenait la division dans les rangs de ses ennemis. La désorganisation s'y accentuait de jour en jour, entretenue par les émissaires de Dupleix, gens adroits et hardis, fidèles aux plus petites de ses instructions, chargés de séduire ou d'irriter les chefs de la coalition et obéissant tous aux ordres de Madame Dupleix, qui, dans ces circonstances suprêmes, se montra la digne compagne de ce grand homme, auquel la fortune échappait, et qui se sentait encore de force à la retenir. A force d'habileté, sans se compromettre, sans même que rien transpirât des négociations entamées, elle agit avec une telle force sur l'esprit des chefs alliés des Anglais, qu'elle finit par isoler ceux-ci, c'est-à-dire par les laisser avec leur allié primitif, ce Méhémet-Ali qui, par son humeur arrogante et son orgueil, était, sans s'en douter, le plus sûr des collaborateurs de cette femme extraordinaire.

Mais, malgré ces succès diplomatiques, il n'y avait pas moyen d'entamer l'action, sans hommes et presque sans officiers. Les choses traînaient ainsi en longueur, lorsque, le 28 juillet, on signala deux voiles à l'horizon. C'étaient le *Bourbon* et le *Centaure*, qui apportaient sans doute de nouvelles instructions de la Compagnie, mais aussi les renforts si ardemment désirés, cinq cents hommes, et encore accablés par les fatigues de la traversée. Dupleix les partagea en deux corps, garda l'un et envoya l'autre à Bussy. En outre il prit ce qu'il put de matelots aux équipages des navires et se prépara à recommencer ses opérations militaires avec un effectif aussi mince. Il confia le commandement de la petite troupe à Kerjean, avec ordre de dégager Gingy, occupée par Brenier qui y tenait avec une énergie extrême, et les Anglais furent battus et contraints à la retraite, sous les murs même de la citadelle où jadis Bussy s'était distingué par un si brillant fait d'armes.

C'était là le premier pas imprimé, presque imposé à la fortune. Méhémet-Ali, surpris par ce ressaut d'énergie, fléchissait, avec la souplesse et l'indécision indoues, entamait, en dessous, des négociations avec Dupleix. Peu à peu les autres chefs, naguère si arrogants, se détachèrent, se rapprochèrent, de sorte que la situation se retrouvait à peu près la même qu'avant le désastre de Trichinapaly. Dupleix avait même déjà l'idée bien arrêtée d'y bloquer les Anglais, et de les y réduire, sûr qu'il était maintenant du concours de nombreuses troupes indigènes. A ses yeux, les désastres provoqués par l'incapacité et l'inertie de Law étaient déjà réparés. Avec cette admirable confiance en lui-même qui ne l'abandonna jamais, il ne songeait plus aux heures de détresse et d'abandon, et marchait, l'œil fixé sur l'avenir, avec la certitude de la victoire. L'esprit demeure confondu, en présence d'une pareille énergie, et la postérité, dont nous sommes, ne saurait marchander son admiration et son respect à cet homme étonnant, que rien ne fit plier et qui, contre tant d'adversaires réunis, lutta jusqu'à ce qu'on vînt l'arracher à sa conquête, comme un commandant de navire que des armateurs intéressés arracheraient à son banc de quart, pour sauver la carène et contraindraient à se couvrir de toile et à prendre la fuite.

CHAPITRE VI

RESSOURCES DE DUPLEIX. — MÉHÉMET-ALI BLOQUÉ DANS TRICHINAPALY. — LES CIPAYES SE SOULÈVENT CONTRE LE GOUVERNEUR. — ATTENTES DE RENFORTS. — INCENDIE DU PRINCE. — AVEUGLEMENT DE LA COMPAGNIE. — ÉNERGIE DE DUPLEIX. — IL FAIT FACE A TOUT. — MAISSIN ET MAINVILLE. — [illegible] LAURENCE. — NOUVELLE DÉFAITE DE DUPLEIX. — IL SE RAIDIT CONTRE LES ÉVÉNEMENTS. — PARALLÈLE ENTRE LA PERTE DU CANADA ET LA PERTE DES INDES.

Méhémet à son tour était bloqué dans Trichinapaly. La discorde était mise entre les Anglais et leurs [illegible] entente avec Dupleix. Tout semblait donc se relever pour le mieux, et les désastres précédents pouvaient être réparés en peu de temps. C'était l'unique préoccupation de Dupleix. Que lui importait une défaite des Indiens? La lutte n'était pas entre lui et eux, mais bien entre lui et les Anglais qui, [illegible] dans le fort Saint-David, leur dernier rempart, surveillaient de Trichinapaly, tout prêts, à la moindre occasion favorable, à se porter au secours de leur allié en péril. Ainsi, dans son esprit, c'était la ruine entière de l'Angleterre qu'il lui fallait poursuivre, et de telle façon que le relèvement fût de longtemps impossible.

CHAPITRE VI

RESSOURCES DE DUPLEIX. — MÉHÉMET BLOQUÉ DANS TRICHINAPALY. — LES CHANCES SE TOURNENT CONTRE LE GOUVERNEUR. — ATTENTE DE RENFORTS. — INCENDIE DU *Prince*. — AVEUGLEMENT DE LA COMPAGNIE. — ÉNERGIE DE DUPLEIX. — IL FAIT FACE A TOUT. — MAISSIN ET MAINVILLE. — LE FORT SAINT-DAVID ET L'ANGLAIS LAWRENCE. — NOUVELLE DÉFAITE DE DUPLEIX. — IL SE RAIDIT CONTRE LES ÉVÉNEMENTS. — PARALLÈLE ENTRE LA PERTE DU CANADA ET LA PERTE DES INDES.

Méhémet à son tour était bloqué dans Trichinapaly. La discorde s'était mise entre les Anglais et leurs anciens alliés, qui, par contre, s'étaient entendus avec Dupleix. Tout semblait donc marcher pour le mieux, et les désastres précédents pouvaient être tous réparés en peu de temps. C'était l'unique préoccupation de Dupleix. Que lui importait une défaite des Indous? La lutte n'était pas entre lui et eux, mais bien entre lui et les Anglais, qui, confinés maintenant dans le fort Saint-David, leur dernier rempart, surveillaient de là Trichinapaly, tout prêts, à la moindre occasion favorable, à se porter au secours de leur allié Méhémet. Ainsi, dans son esprit, c'était la ruine matérielle de l'Angleterre qu'il lui fallait poursuivre, et de telle façon que le relèvement fût de longtemps impossible.

Le sort, encore une fois, se tourna contre lui, ligué avec des ennemis actifs qui ne laissaient passer aucune faute, et, sachant ce grand homme plein de ressources, se tenaient constamment sur leurs gardes et observaient ses moindres mouvements. Dupleix, et ce n'est pas un de ses moindres titres d'honneur, pendant sa carrière dans l'Inde, eut toujours contre lui les choses et les hommes. Nous avons vu comment, grâce à la maladie de d'Autheuil et à l'éloignement de Bussy, l'incapable et faible Law s'était laissé jouer et battre par Clive et ses Anglais. Kerjean, un officier de mérite cependant, un de ceux qui avaient accompagné Bussy dans sa marche triomphale vers le Dékan, envoyé par Dupleix pour isoler la garnison anglaise de Saint-David, en se plaçant entre elle et Trichinapaly, de façon à empêcher tout secours à la place assiégée par ses alliés indous, se laissa surprendre, de nuit, après un premier succès, et fut obligé de se retirer en désordre, après de graves pertes d'hommes et de matériel.

Tout conspirait alors contre le gouverneur. Bussy, du fond du Dékan, lui annonçait de nouveaux orages. Une ligue se formait, sous quelle influence ? ce brave officier ne savait le dire, contre Dupleix et les Français, et ce qu'il y avait de plus dangereux dans ces nouvelles, c'est qu'il y perçait un découragement immense. Le vainqueur de Gingy, comme tant d'autres, commençait à désespérer. Peut-être son éloignement y était-il pour quelque chose. Jusqu'alors, en effet, c'est-à-dire jusqu'au moment de son départ avec Mousafer, il avait agi sous l'inspiration directe de Dupleix. Il était le bras solide qui exécutait les combinaisons et ne discutait pas les ordres. Dans l'isolement où il se trouvait, son énergie faiblissait sans doute, et il sentait sur ses épaules un poids trop lourd, si lourd qu'il ne parlait de rien moins que de la retraite sur Pondichéry, en compagnie du nabab, vassal pour ainsi dire de Dupleix, devant l'invasion d'une centaine de mille Indous qui menaçaient Aurungabad.

Bussy, tremblant devant les bandes indigènes, lui qui commandait quelques centaines d'hommes tant de fois éprouvés ! Dupleix ne voulait pas le croire. Malgré la situation difficile où venait de le mettre la maladresse de Kerjean, il crut devoir envoyer des secours à l'homme qui, jusqu'alors, avait eu toute sa confiance, tout en lui mandant de ne pas se laisser aller au désespoir, de toujours compter sur lui. L'arrivée prochaine de secours lui était annoncée, ou plutôt il attendait le convoi annuel venant de France, à bord du vaisseau le *Prince*. Mais il y a, dans la vie des hommes, des heures fatales où tout semble conspirer contre eux, où la fortune les abandonne, avec une tenacité sans pareille. Dupleix était à une de ces heures-là. Avec les renforts apportés par le *Prince*, non seulement il pouvait réparer tous les dommages, mais encore prendre l'offensive, surprendre ses adversaires par son audace et, grâce aux ressources de son génie, atteindre le but de ses espérances et faire, de la France, la maîtresse incontestée, définitive de l'Inde.

Le *Prince* brûla en mer, sans qu'on en revît ni un homme, ni une planche. Ce contre-temps était une calamité véritable, mieux que cela, un irréparable sinistre, dans des circonstances aussi périlleuses et aussi difficiles. Pour combler la mesure, des instructions de la Compagnie arrivèrent. On trouvait, dans le conseil, Dupleix trop ambitieux, trop belliqueux surtout. La Compagnie s'était organisée, non pour faire la guerre, mais pour étendre, autant que possible, des relations commerciales qu'il ne fallait pas compromettre par des coups de tête et des ambitions déplacées que, d'ailleurs, on ne tolérerait pas. On lui reprochait, non sans aigreur et sans amertume, tout ce qu'il avait fait, et tout ce qu'il se proposait de faire. Tous ses projets étaient condamnés, et ce qui surtout l'irritait, c'est que les directeurs de la Compagnie, qui lui dictaient des ordres et le mettaient en demeure d'être moins turbulent désormais, ne savaient pas le premier mot des choses.

Avec sa loyauté d'homme qui pense être dans le vrai, il crut de son devoir d'éclairer, non seulement la Compagnie qui se refusait à croire aux empiétements des Anglais, mais encore le roi lui-même que l'on devait avoir circonvenu, sans doute, et qui ne manquerait pas de se rendre aux raisons que lui exposerait un homme compétent, ayant vu les choses de près, comme cet énergique d'Autheuil, que la goutte immobilisait, éloignait des opérations actives, mais qui méritait si bien de retourner en France, au bout d'une carrière si occupée et que nul autre ne pourrait remplacer, dans une négociation comme celle que Dupleix se proposait de lui confier. Pour lui, il ne doutait pas un instant que, devant des explications catégoriques, un exposé net et sincère des choses, comme d'Autheuil saurait le faire, le roi ne comprît l'importance des actes dont il avait, lui Dupleix, presque assumé la responsabilité, et ne vît quel avenir la France avait dans ces contrées lointaines, si l'on y soutenait un homme qui, à lui seul, avait su faire de si grandes choses. Comment était-il possible de garder un aveuglement aussi complet que celui de la Compagnie, quand la diplomatie devait être au courant des forces que l'Angleterre dirigeait sur l'Inde?

A l'heure où nous revenons sur ces faits et où nous les jugeons à peu près en toute connaissance de cause, avant que justice entière ne soit rendue à l'homme éminent dont nous retraçons, à grands traits, les actions étonnantes, pendant les quelques années où il tenta, au bénéfice de son pays, la conquête de l'Inde, nous nous demandons comment il était possible à un gouvernement de ne rien comprendre à d'aussi grandes choses. C'est l'histoire des faits accomplis qui parle; mais, aux yeux de Louis XV, l'Inde n'était d'aucun poids dans la balance, pas plus que le Canada où, grâce à la plus coupable des incuries, les vaillants colons de la Bretagne, de la Normandie et de la Saintonge, passaient sous la domination anglaise, malgré l'héroïsme de Montcalm, écrasés par le nombre, et sachant bien surtout qu'ils n'avaient rien à attendre de la mère-patrie. La Pompadour était maîtresse souveraine et son esprit futile avait bien autre chose à faire que de se préoccuper de ce qui se passait à des milliers de lieues de Versailles.

Madame Dupleix, cependant, toujours habile et prévoyante, chargeait d'Autheuil de présents magnifiques pour la favorite. Mais tout marchait vers un dénouement prochain, tout conspirait contre son mari, contre les plans qu'il dressait et pour l'exécution desquels les auxiliaires lui manquaient de plus en plus. D'Autheuil, après de grands services rendus, regagnait la France, et à peine son départ était-il décidé que Bussy tombait malade, laissant le commandement de ses hommes et la direction d'affaires compliquées, de négociations embrouillées, à un officier très brave, mais incapable et qui n'était pas fait pour comprendre quelque chose aux fourberies des Indous, et par conséquent pour les déjouer. Bussy était l'âme des troupes qu'il commandait, et qui, ayant une confiance extrême en lui, le respectaient et lui obéissaient aveuglément. Lui parti, son successeur ne sut pas maintenir la discipline, et la situation du contingent français devint de plus en plus critique.

Les soldats isolés, livrés à eux-mêmes ne tardèrent pas à prendre des habitudes de soudards, sans se douter, ce qui d'ailleurs ne les regardait pas, des intrigues nouées, autour d'eux, par les chefs indous, les mahrattes, les indépendants, dont la présence des Français, gênait les prétentions et dérangeait les plans. Ainsi la fatalité semblait, de plus en plus, se mettre de la partie, et tout était perdu sans retour, si la concorde était jamais possible entre nababs et rajahs fourbes et ambitieux. Bussy, qui, avec les forces qui revenaient avec le repos, retrouvait sa présence d'esprit et son énergie, vit tout le parti qu'on pouvait tirer de ces circonstances. Il revint inopinément, à la tête de ses soldats que sa présence seule ramenait dans le devoir, sut habilement profiter de toutes les querelles intestines, s'imposa, parla en maître, et de toute une conspiration ourdie contre l'influence française, entre gens qui voulaient bien comploter mais ne savaient jamais s'entendre, sortit, au contraire, un accroissement de prestige.

Il est impossible de suivre, sans une admiration mêlée de malédictions contre les hommes incapables

UNE PAGODE A PONDICHÉRY.

ou aveugles, qui ne surent ou ne voulurent pas voir, cette épopée française, dans l'Inde, à six mille lieues de la métropole, surtout quand on songe à ce qu'il fallait d'audace, d'énergie, de résolution, aux hommes qui luttaient alors, sous la direction suprême de Dupleix, et que ne soutenait pas la protection, même platonique, de la France. On parle avec dédain aujourd'hui, non des Français qui moururent alors, victimes du devoir, mais de l'incapacité de la monarchie à soutenir les colonies et à les protéger. Mais, c'est ici qu'il faut s'entendre. Au Canada, quand survint l'Angleterre, la colonie française était si bien établie qu'elle existe aujourd'hui encore et prospère, sans avoir rien perdu de ses attaches et de ses souvenirs. Dans l'Inde, la colonisation n'existait pas. Dupleix, et ce sera son éternel titre de gloire, voulut la fonder, au bénéfice de la France. Il arriva dans un mauvais moment, où, en dehors de la politique européenne, et encore, les tristes ministres de Louis XV étaient incapables de rien concevoir, peut-être de rien comprendre, et, comme les marchands de la Compagnie des Indes, n'étaient pas loin peut-être de condamner un homme comme Dupleix, qui rêvait, pour son pays, la conquête d'un monde dont les richesses étaient et sont encore incalculables.

C'est peut-être cela surtout qui grandit le rôle de ce Français et en fait un homme exceptionnel. N'est-il pas extraordinaire, en effet, de voir un homme envoyé là comme un simple commis, un fondé de pouvoir, si mieux vaut dire, par des marchands, comprendre l'avenir et chercher à le soumettre? Et, d'un autre côté, n'est-il pas déplorable de le voir sans cesse aux prises, tantôt avec les susceptibilités, tantôt avec l'insuffisance, sinon l'impunité de ses subordonnés? Supposons à Dupleix une armée comme celle de Napoléon en Egypte, soumise, disciplinée, prête à suivre son chef partout, sans discuter ses projets sans chercher à connaître ses plans, l'Inde était conquise, sans coup férir : il est bien permis de l'écrire, quand un tel homme, avec les ressources matérielles, les plus insuffisantes, eût mené à bien la conquête, s'il n'avait rencontré, devant lui, comme obstacles, tant de petitesses, tant d'hostilités et tant de mauvais vouloirs. Au moment même où nous en sommes, désavoué par la Compagnie, il ne perd pas courage. C'est pour cela qu'on le traitera plus tard comme un révolté ou tout au moins comme un employé infidèle tout en ayant bien soin de l'empêcher de s'expliquer, de faire en sorte qu'il n'expose à qui que ce soit l'ampleur de ses projets et les raisons multiples de ses échecs. A cette heure, l'éclat de l'étoile de Dupleix pâlit ; il est presque seul à croire au succès, et, sur le bord de l'abîme, à deux doigts de la ruine complète et définitive, il a ce redoutable honneur de faire face à l'ennemi, tout en se sachant désavoué par la Compagnie qui le rappellera bientôt, pendant que la Compagnie anglaise, plus politique et plus prévoyante, ne ménagera jamais les secours en hommes et en argent et pourra considérer, comme venue, l'heure du triomphe, lorsque, amère et sanglante ironie, Dupleix prendra la route de France, par ordre supérieur, pour expliquer sa conduite et pour la justifier.

Cependant, et en attendant ce moment, il poursuit, sans fléchir, et sans perdre confiance, le cours de ses opérations, malgré l'insuffisance des hommes dont il dispose, troupes mal instruites, mal commandées par des officiers sans expérience, ou plutôt sans influence sur leurs hommes, et dont l'incapacité eût jeté le découragement dans le cœur de tout autre que Dupleix. Malgré cela, il songe à reprendre Trichinapaly, non par un coup de force, mais par une série d'opérations qui lui paraissent sûres. Par bonhenr, il avait, sous la main, un officier énergique, Maissin, incapable peut-être de grandes actions et sans initiative personnelle, mais prêt à exécuter tous les ordres. Dupleix, pour le moment, n'en demandait pas davantage. Il tenait l'homme qu'il lui fallait, actif, plein de confiance dans celui qui l'inspirait, en un mot l'homme de la consigne quand même,brave par surcroît, et qui ne cessa de harceler les Anglais, de tomber à l'improviste sur leurs convois, de leur causer tout le dommage possible.

A Saint-David, c'était Lawrence qui commandait, et ce ressaut d'énergie, de la part des Français, lui causa une surprise d'autant plus cruelle qu'il savait un bon nombre de ses compatriotes bloqués, à leur tour, dans Trichinapaly, par les alliés de Dupleix, exposés déjà aux tortures de la faim, perdus peut-être, s'il ne trouvait moyen de leur porter secours. Si l'on voulait connaître au juste l'activité, la valeur, les ressources inépuisables de cet homme qui bientôt allait se trouver abandonné, en butte à toutes sortes d'accusations, c'est peut-être à la correspondance de ceux qui furent ses ennemis, qu'il faudrait s'adresser et qui respirèrent, lorsque la désapprobation et la défaveur fondirent sur lui, leur laissant le champ libre et toutes les voies ouvertes. Avec toute la décision d'un soldat qui veut le succès, Lawrence voulut avoir raison de Maissin. Peines inutiles! malgré la ruse, malgré des attaques de vive force, il n'y put réussir et dut renoncer à la victoire qu'il s'était promise, pour se porter au secours de Trichinapaly.

Les Français, sous les ordres d'un officier énergique, nommé Astruc, campaient sous les murs et bloquaient la ville dont la cavalerie mahratte commandée par Morari-Rao, empêchait le ravitaillement. Autour de Trichinapaly une série de combats s'engagèrent alors, favorables tantôt aux uns tantôt aux autres. En fin de compte, les projets de Lawrence ne réussissaient pas et le général anglais ne parvenait point à rompre le blocus. Mais, comme toujours, depuis la maladie de d'Autheuil et l'éloignement de Bussy, l'incapacité des officiers de Dupleix, leur indécision combattirent pour nos ennemis. En vain, le gouverneur se multiplia, envoyant renforts sur renforts, relevant, par sa présence, le moral des hommes, au moment où tout semblait à tout jamais désespéré. Astruc fut battu, Brenier fut battu, leurs soldats faits prisonniers, leurs canons pris.

En dépit de tous ces revers, Dupleix réorganisa l'armée, lui donna un autre chef, Mainville. En présence d'une situation désespérée, ou à peu près, il ne voit de succès possible que dans un coup d'audace. Surprendre la garnison de Trichinapaly et s'emparer de la ville, tel est son plan. Avec un Bussy, de tels coups de désespoir réussissent. Mainville, quoique brave, n'avait point ce qu'il fallait pour forcer la fortune contraire. Après quelques premières heures d'espoir, la tentative échoua, et la défaite qui s'ensuivit, enlevait à Dupleix ses dernières ressources et ses derniers soldats, à l'exception d'une poignée d'hommes qui, sous les ordres de Mainville se retira dans l'île de Sheringam, comme autrefois l'incapable Law, mais dans des circonstances autrement désastreuses maintenant. N'importe, il ne désespère pas. Grâce à la fidélité des cavaliers mahrattes, il ne considère pas la partie comme perdue; il encourage Mainville, lui fait comprendre que les derniers mots ne sont pas encore dits et que, tant qu'il vivra, lui Dupleix, les Anglais ne seront jamais les maîtres de l'Inde.

Alors il semble commander aux événements. Le gouverneur français, que les Anglais croyaient réduit, abattu, se relève. Dupleix recommence la guerre d'escarmouches, jusqu'au moment où il pourra reprendre l'offensive. Bien plus, les négociations habiles de madame Dupleix lui ont bientôt fait de nouveaux alliés. Malgré l'échec subi devant Trichinapaly par les troupes de Mainville, Lawrence, vainqueur, n'a pu ravitailler la place devant laquelle la cavalerie mahratte forme toujours une infranchissable ceinture. Peu à peu, dans de continuelles alertes, ses hommes s'épuisent et le général anglais, oublié lui aussi dans cette circonstance, se trouve bientôt, dans une situation extrêmement critique et périlleuse. « Alors « dit M. Tibulle Hamont, Dupleix mène la guerre « avec une énergie terrible. Afin de frapper l'imagi- « nation des Indiens et de leur montrer que, comme « un Dieu, il dispose des éléments pour châtier ses « ennemis, il conçoit le projet de jeter le fléau de « l'inondation sur les états du Rajah de Tanjore, le « seul, le dernier allié des Anglais. Il donne l'ordre « à Mainville de reprendre Coilady et de rompre « aussitôt la digue du Cauveri. Mainville exécuta « adroitement l'opération commandée. Ce fut un déluge. « Les eaux s'abattirent sur les plaines du Tanjore,

« emportant les récoltes et les villages, ne laissant « que des cadavres et des ruines derrière elles. Epou- « vanté, le rajah se demanda s'il devait rester fidèle à « l'alliance anglaise, qui l'exposait à tant de dangers. « Il lui sembla qu'aucune puissance humaine ne « triompherait de l'homme à qui les fleuves eux-mêmes « obéissaient. Il reçut les agents secrets de Dupleix, « il écouta leurs propositions et laissa voir qu'il « méditait de faire défection aux Anglais, à la pre- « mière occasion favorable. Evidemment, il n'était « retenu que par la présence de Lawrence, qui oc- « cupait la capitale avec ses troupes. Ces dernières « étaient bien amoindries. Elles avaient fondu au feu « des batailles. L'élite des admirables grenadiers de « Lawrence était morte devant Trichinapaly. Leur « ardent général, condamné par la faiblesse de ses « effectifs à l'inaction, surveillait d'un œil inquiet le « rajah et voyait, avec désespoir, son rival ressaisir « la domination. Il ne pouvait pas se douter que la « France elle-même allait briser Dupleix. »

C'est ici que la fortune de Dupleix prend, avec celle du grand et infortuné Montcalm, une étonnante analogie. Le titre que nous avons donné à ce double résumé de deux tristes pages de notre histoire, n'est peut-être pas celui qui leur conviendrait le mieux. C'est *Colonies abandonnées* que nous aurions dû écrire sur la première page de ce petit livre. Les indécisions et les appréhensions de la Compagnie des Indes se communiquent bientôt au gouvernement. Quel est donc ce Dupleix qui à six milles lieues de la France, se permet de faire des siennes et compromet les intérêts des actionnaires ? Un beau choix que la Compagnie a fait là ! Ce fut bien autre chose quand on apprit le désastre de Trichinapaly, sans rien savoir des revanches prises et du rétablissement de l'influence française. On n'entrevit que la ruine, sans songer qu'en cédant

MACHAULT.

devant l'Angleterre, on allait exactement au devant des mêmes conséquences. Il n'était pas difficile de faire comprendre de telles choses au gouvernement de Louis XV, qui gardera, à jamais, comme un double stigmate de honte, la perte des Indes et la perte du Canada, si nonchalamment, s'il s'est permis de s'exprimer ainsi, cédés aux Anglais par la paix de Versailles.

Mais, il est permis, en dépit des événements funestes et de la fortune contraire, ou plutôt contrariée par les hommes, d'élever, dans le cœur des Français, un double monument à la mémoire de Montcalm et de Dupleix. Le premier, du moins, fut heureux relativement, puisque la mort le frappa sur le champ de bataille, après une lutte inégale de bien des années, où il avait déployé toutes les ressources de son génie militaire. L'autre, après avoir entrevu la conquête, la réalisation d'espérances qui dépassaient presque la taille humaine, se trouve foudroyé par la disgrâce et va traîner, comme un forçat, les dernières et lugubres années d'une vie si remplie de nobles et glorieuses pages. C'est ce que l'on peut appeler le calvaire de Dupleix, et il ne nous reste plus qu'à raconter la triste odyssée de ce grand homme, sur les pentes de ce Golgotha au haut duquel il devait mourir, accusé, condamné et moralement crucifié.

CHAPITRE VII.

LA COMPAGNIE DES INDES PROVOQUE LA DISGRACE DE DUPLEIX. — APPRÉCIATIONS SUR LE RÔLE DE L'ANGLETERRE ET SUR CELUI DE LA FRANCE. — LA SCIENCE DE LA COLONISATION. — D'AUTHEUIL CHARGÉ PAR DUPLEIX D'EXPOSER SES PLANS ET SA CONDUITE A PARIS ET A VERSAILLES. — RAPPEL DE DUPLEIX. — NOMINATION DE GODEHEU. — SON ARRIVÉE A PONDICHÉRY. — PERTE DÉFINITIVE DE L'INDE. — LES DERNIERS COUPS.

A compter de ce jour l'Inde est perdue pour la France, et l'œuvre de Dupleix condamnée. Il ne reste plus guère qu'à raconter les tribulations suprêmes de ce grand homme, sa lutte contre d'impitoyables ennemis, ses vains efforts pour se faire entendre, pour faire comprendre surtout quelle fortune on perdait en abandonnant l'Inde. Après l'épopée, les plus prosaïques misères, le désespoir et le chagrin mortel d'être repoussé presque comme un voleur, de voir toutes les portes fermées devant lui, tous les regards détournés. Il est impossible de voir fin plus lamentable et plus inique d'une noble carrière.

Cependant il faut dire, pour excuser un peu la Compagnie, qu'elle provoqua la disgrâce de Dupleix, sous le coup du désastre de Trichinapaly. Elle connaissait la nouvelle au bout de six mois ; il en fallait six autres pour que ses instructions parvinssent à Pondichéry. Que de malheurs irréparables ne pouvaient-ils être survenus, dans un aussi long intervalle! Mais le vraiment grand coupable fut le gouvernement, bien que l'acharnement de l'Angleterre eût dû lui dicter sa ligne de conduite. Une colonie pour laquelle les Anglais faisaient autant de sacrifices d'hommes et d'argent méritait bien de ne pas être abandonnée. Les Anglais, comme Dupleix, avaient entrevu l'avenir, et le jour où ce terrible adversaire disparut, après avoir rétabli sa fortune à force d'énergie et de génie, ils durent tressaillir d'aise et considérer l'Inde comme une terre désormais acquise.

Ne dirait-on pas qu'il y a, dans la vie des peuples comme dans la vie des hommes, des coïncidences bizarres? Cette perte du Canada et cet abandon de l'Inde conquise par un seul homme, comme l'autre colonie avait été défendue par Montcalm, jusqu'à la mort, n'y a-t-il pas là matière à dissertations pour les penseurs et les philosophes? Pendant que, d'un côté, tous ces descendants des colons bretons et normands sont abandonnés, cédés à l'Angleterre maîtresse du Canada comme un vil troupeau ; de l'autre, l'esprit mercantile d'une compagnie commerciale l'aveugle sur la conduite d'un homme dont elle avait cru faire un régisseur, et qui se trouvait être un grand politique et un conquérant.

L'Angleterre est une nation grande et puissante. Elle compte parmi les facteurs de la civilisation contemporaine. Sa situation exceptionnelle lui fait aussi une place à part dans le monde ; mais il serait éminemment injuste de lui refuser le don de prévoyance. Sa politique s'enchaîne depuis des siècles. Pendant que dans l'Inde, il y a cent trente ans, un Français, un

LOUIS XV.

seul, s'épuisait dans le but d'accroître la fortune de son pays, de répandre son influence jusque dans les régions les plus éloignées du globe, la politique anglaise pose déjà les bases de sa fortune à venir. C'est elle qui soutient Clive et Lawrence et qui transmet aux gouverneurs, agents des comptoirs commerciaux, tout comme Dupleix, des instructions dont il serait extrêmement intéressant de retrouver les originaux, classés, sans aucun doute, dans les archives de la Grande-Bretagne.

Si l'on veut bien considérer l'histoire à ce point de vue, le rôle de Dupleix n'en fait que grandir. Son nom, celui de Montcalm défenseur du Canada, sont là pour protester contre ces ineptes accusations qui représentent les Français comme incapables de toute colonisation. Entendons-nous : la colonisation française paraît aujourd'hui une chose difficile. Il y a des raisons pour cela. La principale, c'est que les colons ne sont que la lie de la population. Le code civil, qui est une belle chose, a supprimé, néanmoins, de grandes et fécondes initiatives. Aujourd'hui, ce qui fait la force expansive de l'Angleterre colonisatrice, ce sont les cadets de famille, ceux qui n'héritent pas et qui, instruits, appartenant à l'élite de la nation, s'en vont, non pas chercher fortune, mais faire leur fortune dans les colonies, accompagnés d'un nom irréprochable et forts de la grande honorabilité de leurs familles.

A l'heure qu'il est, l'inaptitude colonisatrice de la France est un axiome. La raison en est que la France est représentée dans ses colonies, et partout à l'étranger, par des individus qui la représentent mal. Et, il faut bien le dire, cela tient à des circonstances dont il est momentanément difficile de s'affranchir. L'expatriation, en France, est une exception. Presque partout, il est nécessaire d'avoir le courage de l'affirmer ceux qui songent à gagner les contrées étrangères, transocéaniques, sont des individus auxquels, pour une foule de raisons, la vie et le séjour sont devenus impossibles dans leur pays. Mais, ce n'était pas cela, au temps des Dupleix et des Montcalm. Il n'est pas possible d'établir une comparaison complète entre le Canada et l'Inde. Là, les colons affluaient; ici, il n'y avait qu'un comptoir. Mais, il ne dépendait que du gouvernement de transformer ce comptoir. Pour cela, il suffisait à des hommes d'État prévoyants d'appuyer Dupleix, de le soutenir envers et contre tous, en un mot, de lui donner les moyens de s'établir, à un moment où la guerre était entre marchands luttant pour la prédominance de leur influence, disons de leurs maisons.

L'histoire ne sera jamais trop dure pour ceux qui ne savent pas voir ces choses et qui, après la bataille d'Abraham et la prise de Québec, au Canada, le désastre de Trichinapaly, dans l'Inde, jetèrent ces deux colonies dans les bras de l'Angleterre et consacrèrent sa préséance et sa conquête facile, pour l'avenir. On demeure anéanti, quand on songe à de telles choses, accomplies avec une légèreté si coupable, qu'elle en paraît presque irresponsable. A ce point de vue, il est permis de maudire l'indolence et l'imprévoyance de la monarchie; quant à son inaptitude colonisatrice, cela rentre dans un tout autre ordre d'idées.

Lorsque les conseillers de Louis XV abandonnèrent le Canada à lui-même, la colonisation n'était pas de fraîche date; comme on l'a vu plus haut, elle existait depuis longtemps, et prospérait. Il est de même bien probable que, sans elle, la longue résistance de Montcalm eût été considérablement abrégée. Les exploits et l'audace des chasseurs canadiens sont légendaires, et les services qu'ils rendirent alors n'ont pas attendu jusqu'à nos jours pour être mis en lumière. Ce qu'il y a de certain, c'est que sans difficultés énormes, sans effusion de sang, pour ainsi dire, les hardis explorateurs des provinces riveraines françaises s'étaient implantés dans ces vastes étendues de terrain qui, sans leur action civilisatrice, seraient peut-être aujourd'hui encore, à l'état sauvage, comme certaines régions des États-Unis que la civilisation n'a pas encore eu le temps de transformer, d'une manière appréciable, au bout d'un siècle. Or, ce sont ces gens-là qui, dans une heure de folie, furent abandonnés. Quand Montcalm, écrasé par le nombre, abandonné par la mère-patrie, fut battu par le général Wolff, le Canada était français. Ici, l'aveuglement fut plus complet encore, s'il est possible. En somme, Dupleix n'avait pas de colons, tandis que, à l'abri du pavillon français des milliers de nos compatriotes cultivaient, fertilisaient ces vastes régions canadiennes où leurs descendants, quoique soumis à la législation anglaise, ont conservé les traditions de leurs pères, leur amour inaltérable de la patrie, et se comptent aujourd'hui par centaines de mille habitants.

Permis assurément d'admirer la ténacité de l'Angleterre, l'habileté diplomatique, grâce à laquelle elle en arrive toujours à ses fins. Quant à nommer des victoires militaires les faits d'armes qui lui valurent la conquête du Canada et celle de l'Inde, il serait bon de regarder auparavant l'état respectif des adversaires. Ici, Montcalm succombe sous le nombre, après des prodiges de tactique et de stratégie ; là, c'est plus facile encore : un seul homme tient en échec la puissance anglaise, et l'ignorance des hommes du gouvernement, sollicités par la Compagnie des Indes, s'empresse de lui intimer l'ordre de revenir, non pour exposer sa conduite, mais pour la défendre, et c'est

UNE TEMPÊTE.

comme si l'on s'excusait auprès de l'Angleterre, d'avoir involontairement retardé sa prise de possession des Indes.

A l'heure où nous vivons, de telles choses semblent être du domaine des rêves, et cependant rien n'est plus tristement réel. Jamais, espérons-le pour notre pays, on ne reverra pareille indolence et pareilles injustices. Quelle matière à tristes réflexions, quand on pense à ce qui pouvait être fait, et quand on voit à quels hommes, non pas incapables, mais imprévoyants, les destinées de la France étaient confiées. C'était bien peu de chose, à leurs yeux, que les questions d'outre-mer et, quand il s'agissait de l'Inde et du Canada, ils ne voyaient qu'un but, la prompte conclusion de la paix, n'importe à quel prix. En outre, les actionnaires s'agitaient et les directeurs de la Compagnie se lamentaient. Que voulait donc cet homme, ce Dupleix? Qui était-il, pour jeter son ambition personnelle, à travers ce qu'on appelait les affaires.

D'Autheuil arrivait pour le dire, pour exposer les faits, lui, acteur dans le drame, et non des moins glorieux. Ce fut en vain qu'il épuisa tout ce qu'il avait d'éloquence et surtout de conviction. Rien n'y fit. On voulait, à tout prix, se débarrasser d'un homme qui compromettait la paix, surtout les bénéfices d'une entreprise dont on ne voulait voir que le côté purement commercial, et, pour ce fait, on entama des négociations avec l'Angleterre, pour régler, si faire se pouvait, ces ennuyeuses affaires de l'Inde. Celle-ci, avec son flair diplomatique habituel, ne demanda pas mieux que d'entrer en pourparlers; mais probablement elle exigeait le rappel de Dupleix. Comment refuser à l'Angleterre ce que l'on désirait soi-même, surtout lorsque avec une apparence de bonne foi et de générosité très habiles, les négociateurs anglais déclaraient qu'ils étaient prêts à rappeler également au nom de leur gouvernement, le gouverneur Saunders. Cela voulait dire que les deux hommes qui représentaient, dans l'Inde, les deux nations européennes, n'étant plus là, tous les différends étaient supprimés du coup et que les choses se retrouvaient en état comme devant.

Nul arrangement ne pouvait paraître plus favorable à des gens prévenus et à des diplomates munis d'instructions précises. Le garde des sceaux d'alors, une médiorité du nom de Machault, n'hésita pas un seul instant; il sacrifia Dupleix pour avoir la paix, persuadé que l'Angleterre sacrifiait également Saunders, et que tous obstacles disparaîtraient, à l'aide de ces tristes conventions. Pour comble, Machault, qui venait de conclure cette belle affaire, fit tant et si bien qu'une de ses créatures, du nom de Godeheu, fut désignée pour remettre les choses en état. Godeheu, ce fut le Ramsay de l'Inde, c'est-à-dire l'incapacité même et la peur, et qui, par surcroît, était l'ennemi de Dupleix. Son premier devoir, en arrivant à Pondichéry, était d'arrêter Dupleix et de lui signifier sa disgrâce.

Ce fut le 22 octobre 1753 que cet indigne décret de rappel fut signé par le roi lui-même, n'ayant d'autre excuse que sa grande ignorance des choses. Il y était spécifié que le sieur Godeheu, commissaire de sa Majesté et commandant général des établissements français aux Indes Orientales, devait procéder à l'arrestation de Dupleix, l'emprisonner de façon à prévenir toute fuite et enfin l'embarquer, aussitôt que possible, sur un navire à destination de France. Dans les instructions secrètes confiées à Godeheu, le ministre Machault avait écrit, de sa main: « Si le sieur Dupleix obéit à l'ordre de reconnaître le sieur Godeheu et de lui remettre le commandement, il sera inutile de faire usage du premier moyen (l'arrestation); mais, s'il en était autrement et qu'il se prévalût de la modération avec laquelle on en use à son égard, le sieur Godeheu lui ferait alors remettre la lettre qui porte son interdiction, et en ferait publier l'ordonnance. Si, contre toute apparence, le sieur Dupleix ne déférait pas à cette interdiction, le sieur Godeheu se trouverait obligé de faire arrêter le sieur Dupleix ; il s'assurerait, en même temps, de la personne de la dame et de la demoiselle Dupleix, par le danger qu'il y aurait à laisser en liberté des personnes aussi immensément riches, qui pourraient tout tenter pour remettre en liberté le sieur Dupleix, et il observerait que les dames et sieur Dupleix n'eussent aucune communication les uns avec les autres. »

On voit poindre, dans ces indignes instructions, les soupçons de dilapidation qui se trouveront formulés plus tard, lorsque l'on tournera, contre le malheureux Dupleix, les moyens qu'il employait pour séduire les Indous, c'est-à-dire le luxe, dans toutes ses manifestations ; tandis qu'on ne cherchera point à mettre en ligne de compte les sommes avancées par le gouverneur, pour mettre les possessions françaises en état de défense et les soldats en état de prendre l'offensive, avec un armement et un matériel qu'il eût été bien inutile alors de réclamer à la métropole. Et ce qu'il y a de plus curieux, c'est que pour procéder tout simplement à cette arrestation de Dupleix, considérée comme une des conditions formelles de la paix, Godeheu partait à la tête de deux mille hommes de troupes solides, ce que la victime n'avait jamais pu obtenir pour la conquête de l'Inde, pour mettre cette fortune sans pareille dans les mains du gouvernement de son pays.

Le 1er août 1754, par une grande tempête, le vaisseau qui portait Godeheu jetait l'ancre dans la rade de Pondichéry. Le lendemain, la nouvelle de la disgrâce du gouverneur courait par toute la ville. Godeheu avait donné l'ordre d'assembler le conseil auquel il avait d'importantes communications à faire. M. Tibulle Hamont raconte ainsi cette journée mémorable dans les fastes sinistres de notre histoire coloniale :

» Le conseil, écrit-il, s'était réuni. Quoique Gode- « heu ne fût encore revêtu d'aucun caractère officiel, « il se croyait le maître. D'un geste et d'un ton « impérieux, il donna l'ordre à ses gardes, qui « l'avaient suivi, d'écarter la foule qui entourait la « salle. Puis, prenant place dans un fauteuil, il invita « Dupleix à s'asseoir à sa droite, et étalant sur la « table une liasse de papiers, il se mit à lire, au « milieu d'un silence gênant, les ordres de la Compa- « gnie et de la Cour. Pendant que Godeheu en scandait « les phrases, chacun retenait son souffle et regardait « autour de lui, d'un air consterné. Les yeux de tous « se reportaient obstinément sur Dupleix qui, tou- « jours assis, écoutait, impassible en apparence. On « ne devinait l'agitation de son âme qu'à quelques « mouvements fébriles, mais peu marqués, des mains. « Godeheu pourtant acheva sa lecture. Il s'était tu « depuis un moment déjà, et n'avait pas encore « entendu un mot d'approbation ou de blâme. Le « silence, glacial et sinistre, régnait toujours, rien « ne semblait devoir le rompre. Dupleix avait courbé « légèrement la tête. Tout d'un coup il se releva, et, « debout, les bras tendus, d'une voix vibrante, il cria : « Vive le Roi ! Comme un écho, on répondit au cri du « patriote. Dupleix alors sortit de la salle ; on le suivit « en hâte. »

Dans la journée du lendemain, Godeheu faisait

reconnaître son autorité, donnait l'ordre que les clés de la forteresse lui fussent remises, et l'une des plus grandes injustices de l'histoire était consommée. Lawrence, Dalton et les autres officiers anglais jusqu'alors tenus en haleine, par l'infatigable gouverneur, pouvaient respirer à leur aise. De ce jour, l'Inde appartenait à l'Angleterre.

CHAPITRE VIII

DUPLEIX TRAHI. — LES MOYENS DE GODEHEU, SES INSTRUCTIONS. — DUPLEIX RUINÉ, SON DÉPART AVEC SA FEMME, SA FILLE ET QUELQUES AMIS. — ARRIVÉE EN FRANCE. — VAINES TENTATIVES DE RÉHABILITATION. — LES DÉMARCHES, LA MISÈRE, LA MORT.

Alors commença une série de persécutions indignes Le nouveau gouverneur qui se trouvait tenu en mépris et que l'autorité morale de Dupleix déchu mettait hors de lui-même, usa de tous les moyens pour l'atteindre dans son honorabilité et pour ternir sa réputation en cherchant à l'accuser de concussion et de dilapidations. Ce fut peine perdue, et, comme il arrive en pareille circonstance, son ressentiment s'en augmenta d'autant. La présence de Dupleix le gênait. Coûte que coûte, il lui fallait presser son embarquement pour la France, et cependant, il eût la lâcheté de ne pas l'ordonner avant d'avoir matériellement ruiné son prédécesseur, en s'appropriant, au nom du gouvernement qu'il représentait, treize millions avancés naguère à Mousafer et à Salabet-Singue par Dupleix, et pour le remboursement desquels ceux-ci avaient affecté les revenus de la province d'Arcate. Or, cette somme, l'Etat la doit encore aux héritiers de Dupleix, et si un procès était engagé sur ces bases, peut-être ceux-ci auraient-ils gain de cause.

C'était de l'audace et de la félonie ; mais les hommes de ce tempérament, rampants par nature et plats comme tous les courtisans, ne reculent devant aucune action mauvaise. Si encore Godeheu avait appuyé ses indignes persécutions sur les succès militaires, la postérité serait peut-être pour lui moins dure. Mais, non seulement il n'entendait rien aux choses de la guerre et aux opérations si heureusement conduites par Dupleix, et ses instructions étaient telles que la suprématie anglaise se trouvait établie, sans secousse et sans dommage, rien que par sa seule présence. Les dimensions d'un résumé aussi bref de cette étonnante histoire ne se prêtent pas à la publication des documents. Cependant, il est indispensable, pour la honte de qui les rédigea et les donna, de reproduire les instructions officielles dont cet envieux et ce prétentieux incapable était muni, à son départ pour l'Inde, et auxquelles, d'ailleurs, il ne se conforma que trop bien.

« Un des principaux objets de la mission de M. Godeheu, y est-il dit, est la pacification des troubles de l'Inde et l'arrangement des concessions et établissements tant anciens que nouveaux. Le comité (de la Compagnie) est intimement convaincu de deux vérités : la première est que la Compagnie ne doit point devenir puissance de terre, par des possessions trop étendues et trop difficiles à garder et à défendre ; la deuxième est que la guerre est toujours un mal, qu'on ne doit s'y livrer que pour en éviter un plus grand, et que la paix, en général, est l'âme du commerce. L'intérêt de la Compagnie est de se faire respecter, mais non pas de se faire redouter, ni d'intervenir dans les querelles du pays; ce serait le

AMIRAL DE GRASSE.

moyen de la rendre odieuse et de la conduire à des dépenses capables de ruiner son commerce; son but doit être de pourvoir solidement à la sûreté de ses établissements, de ne les multiplier ni de les étendre qu'autant que la sûreté de ses comptoirs et l'extension de son commerce pourront l'exiger..... On suppose toujours le cas où M. Godeheu, ne pouvant parvenir à faire la paix, serait obligé de continuer la guerre, pour tirer de ce cas malheureux, tous les avantages qu'il lui serait possible... Au milieu des plus grands succès, il ne doit jamais perdre de vue l'idée et le désir de se concilier avec les Anglais.

« M. Godeheu, au moment de son arrivée dans l'Inde, donnera nouvelle de son arrivée au gouverneur anglais, des ordres qu'il a de pacifier les troubles, et du désir qu'il aurait de voir la tranquillité rétablie entre les deux nations, sur un pied stable et solide. Il leur proposerait une trêve et suspension générale d'hostilités, pendant deux mois, afin d'entrer en pourparlers, sauf à la prolonger; cependant si la Compagnie se trouvait avoir une supériorité décidée dans l'Inde, il ne proposerait point de trêve, mais il n'en écrirait pas moins au gouverneur anglais, pour l'exciter à entrer en négociations de paix, car on ne la fait jamais plus avantageuse que dans les temps de succès; pour s'en préparer les voies et commencer à ramener les esprits, M. Godeheu, dès son arrivée, renverra au gouverneur de Madras les quatre-vingts et tant de Suisses qui ont été arrêtés par M. Dupleix sur des chelingues anglaises. La crainte, qui serait même fondée, que le renvoi de ces hommes ne fasse aucune impression sur l'esprit des Anglais, ou qu'ils ne l'interprètent mal, n'empêchera pas M. Godeheu d'user de ce procédé envers eux. La différence de quatre-vingts hommes dans les forces des Anglais ne saurait balancer l'avantage qu'il y a en général de prévenir son ennemi par des procédés généreux; il aura même l'attention de faire bien traiter ces soldats, avant leur départ ou dans leur route ou passage, afin qu'ils puissent se louer de la nation, à leur retour chez les Anglais.....

« On ne doit pas se faire une difficulté de renoncer, en général, aux concessions soit de Nizampantam, de Divy, de Mazulipatam ou de Narzapour, sauf celui de ces endroits qu'on choisira pour en faire un point d'appui, dans cette partie septentrionale de la côte...

« S'il était possible de conserver Gingy, M. Godeheu n'en doit pas manquer l'occasion; mais il ne doit pas cependant s'opiniâtrer à la poursuite de la guerre, dans l'unique voie de faire concéder cette place à la Compagnie... On estimerait très glorieux si les succès permettaient à M. Godeheu de garder toutes les concessions faites à la Compagnie à Gingy, encore que les Anglais dussent garder Tiravady, avec un territoire assez étendu pour rester en proportion de celui qui est de Pondichéry à Gingy. »

Tels sont les passages principaux de ces instructions d'une platitude bien digne de gens n'ayant en vue que les affaires, et que les vastes projets de Dupleix avaient jetés hors des gonds, désorientés. Godeheu était homme à s'y conformer, à la lettre, mais la présence de Dupleix le gênait, bien plus, le diminuait. Le passé glorieux de cet homme pesait lourdement sur sa présomptueuse insuffisance. Son orgueil, à tout instant froissé par les marques de déférence prodiguées à l'ancien gouverneur et à sa famille, supportait difficilement leur voisinage. Tout homme honnête, frappé par un tel spectacle, n'eût pas manqué d'en saisir la signification et de voir quelle mauvaise et funeste besogne on l'avait chargé d'accomplir. A chaque instant, des défections se produisaient parmi nos plus fidèles alliés que l'ascendant de Dupleix avait jusqu'alors maintenus, et la situation se tendait de plus en plus. Mais qu'importait à Godeheu? Il n'était pas venu pour gouverner l'Inde, mais bien plutôt pour se défaire de Dupleix et, commentant l'esprit des instructions qu'il avait reçues à son endroit, au lieu de s'en tenir à la lettre, il résolut de lui faire prendre la route de France, en compagnie des siens, sa femme et sa fille.

Dupleix absent, il se sentait plus libre d'agir; du moins, il n'avait plus, sous les yeux, cette critique vivante des actes les plus misérables et d'une mission qui s'accomplissait misérablement; il ne serait plus constamment poursuivi par les remontrances et les conseils de cet homme qui, tout disgracié qu'il était, ne voyait que la ruine progressive de son œuvre, l'abaissement du pavillon français et, ruiné par les intrigues de Godeheu, oubliait ses griefs et sa juste rancune, pour lui montrer l'abîme se creusant de plus en plus profond et la fin prochaine de l'influence française dans l'Inde si l'on persistait à suivre de tels errements. C'en était trop et il fallait en finir, éloigner de l'Inde ce fâcheux, réduit à la misère, et sans tarder. Le 12 octobre 1754, Dupleix s'embarqua, avec sa femme, sa fille et quelques amis, à bord du *Duc d'Orléans*. Mais, avec lui, s'embarquait la fortune de la France. Resté seul et désormais sans contrôle gênant, l'inepte Godeheu allait pouvoir se livrer tout entier à son œuvre de décomposition. Il n'était pas homme à faire les choses à demi, et s'il chercha la gloire en livrant l'Inde à l'Angleterre, il la trouva par surcroît.

Ce fut alors avec la facilité la plus grande que les Anglais, reprenant les opérations militaires, manœuvrèrent sous les yeux des Français auxquels les ordres formels de Godeheu interdisaient de combattre. Malgré les deux milles hommes amenés de France et avec lesquels Dupleix aurait accompli tous ses projets, Trichinapaly, toujours assiégée fut ravitaillée par Lawrence. Mais ce n'était pas encore assez pour Godeheu : il donna l'ordre à Maissin d'abandonner toutes ses positions et de se réfugier, avec ses troupes, dans l'île de Sheringam ; le gouverneur de l'Inde se rencontrait, dans cette manœuvre, avec l'incapable Law. Mais, cette fois, le mal était sans remède. Les Indous adorateurs de la force, comme tous les Orientaux, passèrent bientôt du côté des Anglais. Alors Godeheu se vit perdu, s'affola. Le gouverneur anglais Saunders, ravi d'avoir un tel adversaire, parla de négociations, et lui fit parvenir un projet de traité que le malheureux se déclara prêt à signer des deux mains. Ce n'était rien moins que l'abdication de la France, la destruction complète de l'œuvre de Dupleix négociée par un imbécile. Si c'était là ce qu'avait voulu la Compagnie, son choix était irréprochable et Godeheu fut son homme.

En quelques jours, la dislocation fut menée à bonne fin. Des stipulations dégradantes pour l'honneur de la France furent acceptées. Tout ce qu'avait conquis Dupleix et que l'honneur le plus simple commandait de garder, fut abandonné avec une sorte de furie ; l'abaissement des nababs fidèles à Dupleix et leur remplacement dans les nababies fut chose faite presque sans conditions. Tout ce que voulait Godeheu, c'était en finir, et comme les Anglais aussi ne demandaient pas mieux, surtout dans de telles conditions, le traité qui nous dépossédait fut signé dans les derniers jours de l'année, et l'Inde était anglaise pour toujours. Seulement, pour nous faire mieux sentir la fortune inouïe que nous perdions, on nous laissa quelques miettes du gâteau, celles que nous possédons encore aujourd'hui.

Ainsi se terminait, par la honte, l'épopée commencée par un homme de génie. On voit que cela ne coûta pas cher à l'Angleterre et que les inscriptions emphatiques de ses monuments dépassent fortement la mesure. Assurément, et c'est de bonne guerre, elle profita de l'incapacité de ses adversaires, et ces nations là sont heureuses qui, dans les heures difficiles et compliquées, trouvent des ennemis de la taille d'un Godeheu. Et pendant que ces honteux événements s'accomplissaient, Dupleix, débarqué en France, allait monter les dernières marches de son calvaire. Quand il mit pied à terre, sur le quai de Lorient, le peuple était instruit de son arrivée et lui fit fête. Les exploits accomplis sous ses ordres, dans l'Inde, n'étaient pas oubliés ; leur renommée avait franchi les mers et, pendant que les grands l'accusaient et se conjuraient pour sa perte, les humbles se pressaient sur son passage, l'admiraient, cherchaient à se rapprocher le plus possible de lui, pour fixer mieux, dans leur mémoire, les traits de l'homme autour duquel une légende s'était déjà formée.

Mais il n'était pas fait pour s'attarder. Son but était de se présenter devant les autorités de la Compagnie, de leur exposer ses plans, ses projets, tout ce qu'il lui serait encore possible de faire, si l'on voulait bien l'honorer d'une confiance illimitée. Sa grande bonne foi excusait ce qui pouvait passer pour de la présomption, et son éloquence entraînante, montrant les fautes commises et surtout la grandeur du but à atteindre, il arrivait que des ennemis d'hier se trouvaient séduits par cet avocat d'une grande cause et que lui-même entrevoyait la possibilité d'une revanche, c'est-à-dire l'avènement rêvé de la suprématie française dans ces régions lointaines, où la fortune incommensurable était la récompense certaine des efforts accomplis. Mais Dupleix était ruiné ; Godeheu n'avait rien eu de plus pressé, on l'a vu, que de le dépouiller de sa richesse particulière, et quand il parla des millions avancés par lui aux nababs d'Arcate, pour s'assurer de leur alliance, ou plutôt de leur vassalité, les directeurs de la Compagnie, qui ne pouvaient contester la créance, l'accueillirent par une fin de non-recevoir. Il ne lui restait donc plus, comme suprême ressource, que de s'adresser au gouvernement et, en cas de refus, d'intenter un procès à la Compagnie.

A partir de ce moment, la vie de Dupleix n'est plus qu'une série ininterrompue de calamités. Comme il n'y avait aucune raison légale ou juridique d'évincer ses réclamations, ses adversaires capables de toutes les bassesses, eurent recours à la calomnie. On injuria Dupleix, dans des libelles soudoyés ; on le diffama. Pendant deux années, ce grand homme traîna la vie la plus misérable qu'il soit possible d'imaginer, traité comme un paria à Paris, dans la capitale de cette France qu'il avait voulue si grande et si respectée. En même temps que ses faibles ressources, ses forces morales s'épuisaient. On le savait, et on ne lui faisait pas grâce d'une infamie. A la fin de l'année 1756, il perdait sa femme, la digne et ferme compagne de sa gloire et de ses abaissements, et le malheureux, qui avait dompté des millions d'hommes, isolé dans la capitale, poursuivi par l'injure sous toutes ses formes les plus basses et les plus viles, vieillissait, trouvant encore cependant la force d'écrire d'éloquents mémoires, dans lesquels il justifiait sa conduite et expliquait ses projets, si maladroitement, si criminellement arrêtés au moment même où, redevenu maître de la situation, on l'avait invité à céder la place à un incapable qui, obéissant en esclave à de serviles instructions, ruinait l'entreprise qui lui donnait sa confiance et dérobait à son pays la colonie des Indes.

Pendant neuf ans, cet homme extraordinaire déploya toutes les ressources de son énergie pour se faire rendre justice, pour en arriver à mourir dans la plus extrême misère, après un second mariage également heureux, mais qui ne lui apportait pas ce qu'il lui fallait, la fortune, pour avoir raison d'adversaires impitoyables et faire valoir ses droits, pour faire taire les innombrables créanciers qui le poursuivaient sans merci, lui que des richesses territoriales énormes dans l'Inde auraient dû faire aussi riche que les nababs les plus renommés. Malgré cela, il eut confiance jusqu'au bout et conserva ses illusions jusqu'à la mort, qui vint enfin mettre un terme à tant d'injustices et à tant de déboires. Veut-on savoir où ce grand homme en était réduit, grâce à l'impitoyable haine de ses ennemis ? On n'a qu'à lire la lettre suivante, adressée par son fidèle Kerjean à un personnage qui, sans doute, avait promis d'user de son

PAYSAGE DE L'ILE-DE-FRANCE.

influence en faveur de l'ancien gouverneur des Indes.

« Je puis, sans doute, vous ouvrir mon cœur avec l'assurance que vous partagerez mes sentiments, parce que vous êtes un galant homme, que les malheureux ont de véritables droits sur vous et qu'on peut vous proposer le bien avec sûreté. M. Dupleix est, comme vous le savez, dans la position la plus affreuse. Les gens qui ont mis sa maison à bail judiciaire et auxquels elle a été adjugée, pour douze cents francs, viennent de lui signifier, par le défaut de payement, ainsi qu'à sa femme, de vider la maison..... Nous avons garnison chez nous pour la capitation, si bien, Monsieur, que, par le défaut de mille francs, nous sommes tous au moment de crouler. M. et Mme Dupleix sont bien véritablement sans la première ressource, et cela dans le moment où il a besoin de toute sa tête, pour repousser les injures et les assertions captieuses que la Compagnie lui fait si indécemment dans son mémoire et dont nous pouvons dire à l'avance qu'il triomphera. »

Ce fut la mort qui triompha, ou plutôt qui délivra Dupleix, dans la nuit du 10 au 11 novembre 1763, victime, en plein dix-huitième siècle, de rancunes et d'inimitiés que n'avait pas rencontrées Christophe Colomb quatre siècles auparavant. Ce grand homme, dont on commence à peine à comprendre le rôle et à admirer le génie, s'éteignit obscurément, dans une maison de la rue Neuve-des-Capucines, ou plutôt dans un appartement plus que modeste, étroit et obscur, lui qui avait ébloui par toutes les manifestations de sa puissance les nababs et les soubabs indiens. Cette mort, c'est le cas ou jamais de le dire, fut pour lui une délivrance, après cette longue agonie de neuf années, pendant lesquelles, malgré des prodiges d'activité, il ne sut avoir raison de la haine de ses contemporains.

Aujourd'hui Dupleix est entré dans l'histoire, et l'on sait ce que fut cet homme exceptionnel, si indignement sacrifié, faute d'avoir rencontré des collaborateurs au niveau de son intelligence et de ses vastes conceptions. Ces grands hommes ont tous leur place marquée dans les respects de la postérité ; mais ce n'est pas suffisant, et leurs tribulations devraient bien servir de leçon et prévenir des injustices futures. En sera-t-il jamais ainsi, dans un pays comme le nôtre ? C'est à désirer plus qu'à espérer. Cependant, à l'heure où les vastes régions de l'Afrique sollicitent l'activité européenne, si les circonstances veulent qu'un homme, un compatriote, implante, dans ce monde nouveau, le prestige de notre pays, que le gouvernement de la France, quel qu'il soit, se rappelle l'abandon de Montcalm et le martyr de Dupleix. Une nation dont les annales ont consigné de tels faits n'a plus le droit, sous peine de crime, d'assumer la responsabilité de telles injustices et de commettre de pareilles fautes. Si les Indes ne sont pas françaises et si le Canada nous a échappé, ce n'est la faute ni de Dupleix, ni de Montcalm. L'Angleterre, qui s'est substituée à la France en Amérique et en Asie, ne saurait, malgré ses succès, montrer de tels hommes et de tels héros.

L'Inde, perdue pour notre pays, par la paix de 1763, devait revoir, cependant, les flottes de la France, et dans les circonstances les plus glorieuses. Un des plus grands hommes de mer qui aient existé, chez nous, peut-être le plus grand, le bailli de Suffren, fit retentir, dix-huit ans plus tard, les mers de l'Inde, du bruit de sa renommée. Jusqu'alors, Suffren n'avait été qu'un officier distingué, dont les chefs appréciaient les services, mais qui n'avait point eu l'occasion de montrer ses rares qualités de sang-froid, de décision et d'énergie. Même après la disgrâce de Dupleix, et malgré l'impéritie et la pusillanimité du gouverneur Godeheu, Lally-Tollendal avait fait le plus grand honneur aux armes françaises, lorsqu'à la tête de sept cents hommes seulement il s'était vu contraint de capituler, à Pondichéry, en 1761, après une héroïque résistance, devant plus de vingt mille hommes de troupes commandés par le général anglais Coote, et appuyés par une flotte de quatorze vaisseaux.

Chose curieuse, Lally-Tollendal, comme Dupleix, fut accusé d'avoir travaillé pour son propre compte, au mépris de ses instructions, et c'est à peine si, aujourd'hui encore, sa mémoire est lavée, malgré l'éloquent plaidoyer de Voltaire en sa faveur et malgré la révision, en 1778, du jugement qui l'avait condamné à mort, même sans que la Grand'Chambre de Paris ait entendu sa défense. La vérité et la justice se lèvent toujours tard pour les grands hommes dont le patriotisme est assez haut pour défier les misères, les jalousies et les compétitions de leur temps, et qui cherchent, dans l'avenir seulement, la justification de leur conduite. Au reste, et c'est une malheureuse remarque à faire, dans ces temps éloignés comme de nos jours, la plupart des insuccès de nos armes tenaient à des rancunes personnelles. Dupleix était presque condamné d'avance par l'hostilité ombrageuse de La Bourdonnais, aussi terrible pour lui que l'indolence coupable de la Compagnie. Vingt ans plus tard, les victoires du bailli de Suffren seront neutralisées par les mesquines jalousies des officiers de ses escadres.

La campagne maritime de ce grand homme, dans les mers de l'Inde, est peut-être ce qu'il y a de plus merveilleux, dans les annales de notre histoire navale. Presque toujours inférieur en matériel, il supplée à

FRUITS DE L'ILE-DE-FRANCE.

tout par une activité prodigieuse. Chose capitale, aussi bien sur mer que sur terre, les Anglais ont presque toujours l'avance sur lui. Suffren devine que cette supériorité de marche ne peut être attribuée qu'au doublage en cuivre des vaisseaux anglais, et il rédige un rapport à ce sujet, à l'adresse de M. de Sartines. Malgré cela, avec les ressources dont il dispose, il tient la mer, se présente partout et c'est toujours lui qui prend l'initiative.

L'audace, dans les campagnes maritimes, réussit presque toujours. Nelson, le grand Nelson, n'est pas autre chose qu'un marin audacieux. Il transporte, dans la guerre navale, la méthode de Bonaparte dans la campagne d'Italie et réussit comme le jeune général qui, plus tard, eut le tort de ne pas savoir s'entourer de marins habiles et expérimentés. Nul, même sans excepter Nelson, ne fut plus actif que le bailli de Suffren, plus prompt dans l'action, plus insaisissable, et, par conséquent, plus terrible pour des adversaires. Notre marine militaire, si abaissée sous le règne de Louis XV, s'était relevée, sous le règne de son successeur, d'une façon prodigieuse. Dans notre pays, pépinière de marins d'élite, les flottes s'improviseraient presque, pourvu qu'il y eût un homme à la tête du département de la marine, et des officiers de vaisseau capables. Quant aux équipages, ils se forment avec une rapidité incroyable. La glorieuse guerre de l'Indépendance américaine, où nos flottes jouèrent un si grand rôle, mirent en lumière des marins de premier ordre, tels que d'Estaing, parfois le comte de Grasse, et même de simples officiers de vaisseau, comme Suffren, dont il était permis déjà de deviner l'avenir. L'intervalle malheureux qui sépare le règne de Louis XIV du règne de Louis XVI, n'avait pu faire disparaître tous les marins capables, réduits à l'inaction, par suite d'une politique qni se désintéressait des choses de la mer et faisait si bon marché de nos colonies.

Suffren avait été élevé à la grande école de d'Estaing qui avait apprécié ses mérites. Ce n'est cependant qu'en l'année 1781 qu'on lui donne le commandement d'une escadre chargée de porter un contingent de troupes au Cap de Bonne-Espérance, et, l'opération terminée, d'aller se placer sous les ordres de M. d'Orves qui commandait les forces navales de la France dans l'Inde. Suffren appareillait le 22 mars, du port de Brest, et arrivait, le 16 avril à la Praya, où la flotte anglaise se trouvait au mouillage. La Praya était un port neutre ; mais Suffren, se souvenant de la façon dont il avait été pris, à Lagos, également port neutre, et emmené en Angleterre par ce même Boscawen, que nous avons vu aux prises avec Dupleix, n'eut pas un instant d'indécision. Il attaqua résolument des forces presque doubles des siennes, fit des prodiges de valeur, et, s'il n'eut pas un succès complet, fit assez de mal aux Anglais pour les devancer au Cap et pour débarquer ses troupes, sans encombre, le 21 juin suivant.

A partir de ce moment, le bailli de Suffren ne cesse de faire preuve d'une activité prodigieuse. Partout où il rencontre l'ennemi, il l'attaque, porte les premiers coups. On dirait que le souvenir de Dupleix le hante et qu'il entrevoit la conquête possible. Le 25 octobre de la même année, il mouillait à l'Ile-de-France où il ralliait des forces assez imposantes, précisément celles qui se trouvaient sous les ordres de M. d'Orves, et celui-ci étant tombé assez gravement malade, le commandement de la flotte revint à Suffren, dans le courant de janvier 1782. C'est alors que commence sa véritable et admirable carrière de grand marin, carrière qui serait presque sans égale si chacun avait fait son devoir, et si l'amiral avait eu sous ses ordres des hommes désireux seulement de la grandeur de leur patrie et non aveuglés par de mesquines rancunes. On retrouve ces choses-là trop souvent, dans notre histoire militaire.

Cela n'empêche pas Suffren de se battre sans relâche, de ne pas laisser un instant de trêve aux ennemis, de les suivre partout et de les atteindre, malgré l'infériorité de marche de ses vaisseaux qui n'ont pas de doublage. En juillet, et malgré la mollesse coupable de quelques-uns de ses officiers, il lutte, en vue de Negapatam, contre l'amiral Hughes, auquel il fait beaucoup de mal, vient mouiller à Gondelour où il médite a prise de Trinquemalé, qui tombe dans ses mains,

PORT-LOUIS.

le 30 août suivant. Trois jours après, il vole au devant de la flotte anglaise signalée en vue et s'il n'est point maître de la mer, c'est que, comme toujours, quelques-uns de ses officiers ne font pas leur devoir. Malgré le résultat douteux, Suffren rentre à Trinquemalé où l'amiral Hughes le laisse réparer ses avaries les plus urgentes. Après cela, il parcourt presque librement l'Océan Indien, se répare complètement à Sumatra, reçoit des convois et des troupes, mais n'est pas secondé par ses auxiliaires. Les officiers de terre font preuve de la même indolence que leurs collègues de la marine, de sorte que les plans les mieux conçus avortent ou sont mal exécutés.

Le 11 mai 1783, après une foule de combats, d'échecs et de succès, la flotte française sort, une seconde fois, de Trinquemalé et se dirige vers Gondelour. Le 29, elle rencontre la flotte anglaise et lui livre une mémorable bataille qui ne cesse qu'à la nuit. Les Anglais en profitent pour prendre la chasse, c'est à dire pour se dérober, et Suffren, lancé à leur poursuite, pendant plusieurs jours, ne peut les atteindre. L'amiral Hughes vient abriter ses vaisseaux sous les canons de Madras, quatre mois après que les préliminaires de paix entre l'Angleterre, la France et l'Espagne avaient été signés à Versailles. Au commencement de l'année suivante, en mars 1784, Suffren revint en France, où il fut comblé d'honneurs mérités, et mourut quatre ans plus tard, d'une façon assez mystérieuse ; mais l'opinion la plus accréditée est qu'il fut tué en duel.

Quelles merveilles n'eût pas accomplies Dupleix, si une trentaine d'années auparavant, il avait eu, pour collaborateur, un tel homme ! C'est une question qu'il est permis de se poser, quand on voit deux hommes de cette trempe opérer des prodiges, en dépit de la mauvaise volonté, sinon des rancunes et l'inimitié de ceux qui les entourent. C'est à peu près la dernière fois que le canon français tonne dans les mers de l'Inde. Quelques années plus tard, le pavillon français s'y montrera encore, avec le vaillant coutançais Lhermitte, un de ces hardis marins dont la valeur individuelle reste un étonnement de l'histoire, et enfin avec Surcouf dont les courses légendaires, dans l'Océan Indien, tiennent presque du miracle. Ce furent les efforts accomplis sous la République et sous le premier Empire, c'est-à-dire à deux époques où nos marins ne furent ni moins hardis ni moins braves, mais où l'on ne sut pas choisir des hommes capables de faire la grande guerre maritime. Hâtons-nous de dire que les officiers de la marine royale ne commandaient plus, et que les marins expérimentés ne s'improvisent pas. La Révolution, qui fit des merveilles avec ses jeunes généraux, n'eut point d'hommes de mer. Il faudra le coup de foudre de Navarin, en 1827, pour que la France reprenne, comme puissance maritime, le rang qui lui revient.

CHAPITRE IX

L'ILE MAURICE ET SAINT-DOMINGUE. — LE GÉNÉRAL LECLERC ET TOUSSAINT-LOUVERTURE. — PRISE DE MAURICE PAR LES ANGLAIS. — BERNARDIN DE SAINT-PIERRE. — PERTE DE SAINT-DOMINGUE. — CONCLUSION.

Les deux drames militaires du Canada et de l'Inde, couronnés par le funeste traité de Paris, en 1763, constituent à peu près ce que l'on pourrait appeler la fin

RIVIÈRE DES LATANIERS.

de la France coloniale. Les bribes qui nous restaient, dans l'Inde, et que nous possédons encore, ne sont plus que de bien petits vestiges de notre ancienne puissance. Mais, une chose est hors de doute aujourd'hui, c'est que les Anglais, si bien établis ailleurs, grâce à leur système libéral de colonisation, sont campés dans l'Inde qu'ils ont failli perdre, à plusieurs reprises, et qu'ils perdront bien probablement un jour ou l'autre. Ces habiles colonisateurs, ces colons impeccables tiennent l'Inde par la force et n'ont pas fait un pas dans l'affection de leurs deux cent cinquante millions de sujets. Déjà, en 1854, peu s'en fallut que l'Inde ne recouvrât son indépendance. Un écrivain de talent, M. de Valbesen, a fait l'histoire de cette insurrection terrible, diminuée aux yeux des étrangers, par les férocités des Cipayes, et où les

INTÉRIEUR DE FORÊT.

Anglais, ce n'est que justice de leur rendre cet hommage, firent preuve d'une ténacité et d'une énergie sans pareilles.

Depuis lors, tout est rentré dans l'ordre, en apparence ; mais les ferments de haine ne s'éteignent pas, au gré des succès militaires, et l'avenir est peut-être gros de nuages, dans ces régions lointaines que l'Angleterre veut relier à la métropole, par une ligne ininterrompue de stations maritimes et militaires. Mais, de telles considérations sont en dehors des limites de cet ouvrage, spécialement consacré à l'agonie et à la mort des deux grandes colonies françaises. De tels morceaux, si considérables qu'ils fussent, n'étaient cependant pas faits pour contenter le formidable appétit de l'Angleterre. Maîtresse du Canada et maîtresse de l'Indoustan, elle voulait l'influence et le nom français bannis de toutes les mers, et guettait le moment propice de les faire disparaître. La patience est la grande vertu de nos voisins. En outre, les générations sont élevées, chez eux, dans cette conviction que le monde appartient à la Grande-Bretagne, et qu'elle seule a le droit de prendre des colonies. C'est à cette conviction précise, bien arrêtée, que l'Angleterre doit d'avoir semé tant de jalons sur la route de son empire indien.

Les îles de la Manche, Gibraltar, Malte, Chypre, Suez, dont on convoite la possession, corollaire forcé de la récente conquête de l'Egypte, voilà les annexions habiles de l'Angleterre, effectuées à la barbe du monde, sans compter Aden, cette autre clé de la mer Rouge. La situation géographique de l'Angleterre, qui lui permet de se désintéresser presque des affaires continentales, et qui en fait une nation sans frontières, c'est-à-dire sans crainte d'invasions, la destinait à une prépondérance fatale, mais jalouse, non de toute rivalité, mais de toute velléité de colonisation de la part des puissances étrangères. Partout où l'on plante un pavillon autre que le sien, elle jette les hauts cris, comme si l'on portait atteinte à son inviolabilité et à ses droits sur le monde. Aussi, n'a-t-elle pas eu de cesse qu'elle ne nous chassât, ou à peu près

ÉGLISE DES PAMPLEMOUSSES.

de cette mer des Indes où La Bourdonnais et Dupleix portèrent à son orgueil et à sa puissance de si rudes atteintes, et où Pondichéry nous reste, illustrée par tant de héros dont Lally-Tollendal et le bailli de

Suffren furent les derniers et non les moins illustres.

L'Ile-de-France, aujourd'hui l'île Maurice, ne pouvait échapper à la convoitise des Anglais. Cette perle semblait manquer au riche écrin qu'ils avaient conquis, et ils guettaient l'occasion de s'en emparer, sans coup férir. La marine de Louis XVI, qui avait promené, avec tant de gloire, le pavillon français, dans l'Atlantique et dans la mer des Indes, ne permettait pas ces coups de main. Pour les tenter, avec grandes chances de succès, il fallait que notre marine fût détruite, réduite à néant, comme sous l'Empire, après les désastres d'Aboukir et de Trafalgar. En 1810, l'Ile-de-France nous fut enlevée, et cependant, le souvenir des premiers colons y est demeuré si vivace, qu'on y vénère encore le nom français, et qu'on y parle la langue française. Mahé de la Bourdonnais y a sa statue, sur la place de Port-Louis, depuis longtemps; et Dupleix n'a pas encore la sienne en France.

L'Ile-de-France, ou île Maurice, plus sûre que la Réunion, offre des abris aux navires de commerce et même aux vaisseaux de guerre. Peuplée comme un département français ordinaire, et possédant un climat très doux, à cause surtout des brises de mer, elle compte quatre chaînes de montagnes, qui viennent mourir, en pente douce, jusqu'à la côte même. La plus élevée, le *Piton des Neiges*, a plus de trois mille mètres de hauteur. La nature orientale y montre toutes ses splendeurs. C'est là, en vue de la capitale Port-Louis, que Bernardin de Saint-Pierre a placé les différentes scènes des touchants récits qui bercèrent notre enfance, et que nous ne relisons pas sans une secrète envie de contempler ces sites et ces paysages merveilleux, où la poésie semble éclore d'elle-même et qui ont valu, à notre littérature, d'admirables tableaux, et notamment la page suivante

TOUSSAINT-LOUVERTURE.

due à l'illustre écrivain, au début de *Paul et Virginie* :

« Sur le côté oriental de la montagne qui s'élève

derrière le Port-Louis, de l'Ile-de-France, on voit, dans un terrain jadis cultivé, les ruines de deux petites cabanes. Elles sont situées presque au milieu d'un bassin, formé par de grands rochers, qui n'a qu'une seule ouverture tournée au Nord. On aperçoit, à gauche, la montagne appelée le *Morne de la Découverte,* d'où l'on signale les vaisseaux qui abordent dans l'île, et, au bas de cette montagne, la ville nommée le Port-Louis; à droite, le chemin qui mène de Port-Louis au quartier des Pamplemousses; ensuite, l'église de ce nom, qui s'élève, avec ses avenues de bambous, au milieu d'une grande plaine; et plus loin, une forêt qui s'étend jusqu'aux extrémités de l'île. On distingue devant soi, sur les bords de la mer, la baie du Tombeau; un peu sur la droite, le cap Malheureux; et au delà, la pleine mer, où paraissent, à fleur d'eau, quelques îlots inhabités, entre autres le Coin de Mire, qui ressemble à un bastion au milieu des flots.

« A l'entrée de ce bassin d'où l'on découvre tant d'objets, les échos de la montagne répètent sans cesse le bruit des vents qui agitent les forêts voisines, et le fracas des vagues qui se brisent au loin sur les récifs; mais, au pied même des cabanes, on n'entend plus aucun bruit, on ne voit autour de soi que de grands rochers escarpés comme des murailles. Des bouquets d'arbres croissent à leurs bases, dans leurs fentes et jusque sur leurs cimes, où s'arrêtent les nuages. Les pluies, que leurs pitons attirent, peignent souvent des couleurs de l'arc-en-ciel sur leurs flancs verts et bruns, et entretiennent, à leur pied, les sources dont se forme la petite rivière des Lataniers. Un grand silence règne dans leur enceinte, où tout est paisible, l'air, les eaux et la lumière. A peine l'écho y répète le murmure des palmistes qui croissent sur leurs plateaux élevés, et dont toujours on voit les longues flèches balancées par les vents. Un jour doux éclaire le fond de ce bassin, où le soleil ne luit qu'à midi ; mais, dès l'aurore, ses rayons en frappent le couronnement, dont les pics, s'élevant au-dessus des ombres de la montagne, paraissent d'or et de pourpre sur l'azur des cieux. »

Maurice, cette île enchanteresse, nous appartint pendant près d'un siècle, de 1713 à 1810. A cette époque, comme nous l'avons dit plus haut, elle succomba, non sans une vigoureuse résistance, à une heure où l'Empire n'avait ni le loisir, ni probablement la volonté de s'occuper d'elle, et depuis lors, elle appartient à l'Angleterre, qui nous trouve encore trop en pied, sans doute, dans son voisinage, puisqu'elle proteste si étrangement, ou plutôt si violemment, contre nos revendications, si légitimes pourtant, sur certains districts de Madagascar. On dirait vraiment que notre vieille réputation coloniale l'obsède. Comment expliquer autrement ses réticences, sinon ses empêchements quelle s'efforce de nous susciter, et ces conseils bizarres de veiller à notre situation continentale qui, suivant elle, réclame toute notre sollicitude et tous nos soucis? L'histoire, nous le savons, hélas! réserve de tragiques surprises aux nations trop longtemps heureuses, et la fortune a des revirements subits, qui déroutent les combinaisons les mieux établies et les bonheurs les plus constants en apparence. On le verra, le jour où quelque chose du colosse britannique s'émiettera, entraînant le reste dans sa ruine.

Mais, tout ceci n'est point pour excuser nos fautes, et nous en avons tant commis, que la nomenclature en serait trop longue. N'est-ce point ainsi, presque dans les mêmes conditions, que nous avons perdu Saint-Domingue, lorsque la Révolution française, étendant aux colonies le régime des lois, décréta l'abolition de l'esclavage. Là, notre rôle n'avait pas été non plus sans gloire, dans cette mer des Antilles où le canon français retentit tant de fois, lors de la guerre de l'Indépendance américaine. En 1794, avec le concours du général noir Toussaint-Louverture, nous en chassâmes les Espagnols et les Anglais, sans nous douter que l'orgueil et l'ambition d'un nègre nous en chasseraient, à notre tour, et que nous perdrions Saint-Domingue, comme le reste, faute de prévoyance. Cinq ans plus tard, en effet, Toussaint-Louverture, nommé général de division et commandant en chef des forces de Saint-Domingue, eut raison d'insurrections successives et rétablit l'ordre, mais à son profit, en se faisant nommer président à vie de la nouvelle République.

C'est alors que le général Leclerc, beau-frère de Bonaparte, fut envoyé de France, pour remettre les choses en état, et pour s'assurer de la personne du président. L'expédition fut vigoureusement menée et réussit, mais, les hommes une fois vaincus, il fallut compter avec le climat. Le contingent français fut décimé par les maladies, et le général lui-même succomba, à la fin de l'année 1802. Depuis lors, Saint-Domingue est demeurée indépendante, malgré les révolutions qui s'y succèdent. Tout, on le voit, dans ces années néfastes, contribuait à nous chasser des mers; et c'est de là, sans aucun doute, qu'est venue cette singulière réputation d'inexpérience, qui a fait son chemin, et si bien que, comme toute sottise, elle a pris pied chez nous, où l'on ne se lasse point de la répéter. En dépit des explorations de nos grands naviga-

GÉNÉRAL LECLERC.

teurs, en dépit de nos efforts au Canada et dans les Indes il reste acquis que la colonisation nous est interdite, et qu'il faut faire notre deuil des possessions lointaines.

Ce qu'il y a de certain, comme nous avons essayé de le démontrer, dans la première partie de ce récit, c'est que les entraves mises à la colonisation par les institutions monarchiques, furent alors nos pires ennemies, surtout au Canada; car, dans l'Inde, Dupleix n'eut pas à lutter contre les dilapidations des intendants, et n'était pas homme, du reste, à les souffrir. En outre, le Canada était une terre dépeuplée, tandis que l'Inde regorgeait d'une population pressée, qu'il fallait, à tout prix, gagner ou conquérir. Quant à Maurice et à Saint-Domingue, leur perte, si minime à côté de pareils désastres, ne pouvait entraîner de conséquences graves ni provoquer d'énormes regrets, au milieu des bouleversements de toute sorte qui remuaient l'Europe, et des complications dont la France était le théâtre. Et si nous leur avons donné place, en quelques lignes, à la fin de ce livre, c'est que l'une et l'autre, après avoir prospéré sous notre domination, comptent aujourd'hui parmi nos *colonies perdues*.

TABLE DES MATIÈRES

CANADA

CHAPITRE I.

CHAPITRE II.

CHAPITRE III.

CHAPITRE IV.

CHAPITRE V.

CHAPITRE VI.

CHAPITRE VII.

CHAPITRE VIII.

CHAPITRE IX.

CHAPITRE X.

CHAPITRE XI.

CHAPITRE XII.

INDE

CHAPITRE I.

CHAPITRE II.

CHAPITRE III.

CHAPITRE IV.

CHAPITRE V.

CHAPITRE VI.

CHAPITRE VII.

CHAPITRE VIII

CHAPITRE IX.

Paris. — Imprimerie F. Levé, rue Cassette, 17.

EXTRAIT

DU

CATALOGUE JOUVET ET CIE

5, rue Palatine, PARIS

Les ouvrages marqués d'un astérisque sont adoptés par le Ministère de l'Instruction publique comme pouvant être donnés en prix et placés dans les bibliothèques scolaires et populaires, et par la Ville de Paris comme pouvant être placés dans tous les établissements d'instruction et toutes les bibliothèques du département de la Seine.

* BIBLIOTHÈQUE INSTRUCTIVE

Collection de volumes in-16 illustrés. Brochés........................ 2 fr. 25
Cartonnés en toile rouge ou lavalière, avec plaques or, tranches dorées. 3 fr. 50

* LES COLONIES PERDUES

(Canada, Inde, Ile Maurice), par Ch. Canivet. 1 vol., 65 grav. sur bois.

* LES CHASSES DE L'ALGÉRIE

et notes sur les Arabes du Sud, par le général Margueritte (3e édition). 1 vol. orné de 65 grav. sur bois.

* LES PLANTES QUI GUÉRISSENT ET LES PLANTES QUI TUENT

par O. de Rawton. 1 vol. illustré de 100 grav. sur bois.

* L'HÉROÏSME FRANÇAIS

par A. Lair. 1 vol. orné de 60 gravures sur bois.

* LE BOIRE ET LE MANGER

Histoire anecdotique des aliments, par Armand Dubarry. 1 vol., 126 grav.

* LE JAPON

par G. Depping, bibliothécaire à la bibliothèque Sainte-Geneviève. 1 vol. 47 grav. et une carte du Japon.

* L'ARCHITECTURE EN FRANCE

par G. Cerfberr de Médelsheim. 1 vol. orné de 126 grav.

* LES GÉNÉRAUX DE LA RÉPUBLIQUE

par A. Barbou, bibliothécaire à la bibliothèque Sainte-Geneviève. 1 vol. orné de 25 grav. sur bois.

* VOYAGE DE LA MISSION FLATTERS

Au pays des Touareg-Azdjers, par H. Brosselard, ancien membre de la mission d'exploration du chemin de fer Trans-Saharien. 1 vol. orné de 40 compositions d'après les croquis de l'auteur, et accompagné d'un itinéraire de la mission.

* LA GRANDE PÊCHE

(Les Poissons), par le Dr H. E. Sauvage, aide-naturaliste au Muséum d'histoire naturelle. 1 vol. orné de 87 grav.

* L'ÉGYPTE

par J. Hervé. 1 vol. orné de 87 grav. sur bois et accompagné de deux cartes.

* L'ART DE L'ÉCLAIRAGE

par Louis Figuier. 1 vol. orné de 114 grav.

* LES AÉROSTATS

par Louis Figuier. 1 vol. orné de 53 grav. sur bois.

CONTENTES ILLUSTRÉS

ÉDOUARD LABOULAYE

(DE L'INSTITUT)

Contes bleus. *Quatrième édition.* 1 beau volume in-8 raisin, illustré de 200 dessins par YAN' DARGENT.......................... 10 fr.

Nouveaux contes bleus. *Quatrième édition.* 1 beau volume in-8 raisin, illustré de 120 dessins par YAN' DARGENT.............. 10 fr.

Derniers contes bleus. Superbe vol. in-8 raisin illustré de 149 dessins dans le texte par H. PILLE et H. SCOTT, et orné de 10 eaux-fortes hors texte dessinées par H. PILLE et gravées par H. MANESSE ainsi que d'un portrait de l'auteur gravé sur acier. Broché. 12 fr.

ÉLIE BERTHET

Les petits écoliers dans les cinq parties du monde. *Deuxième édition*, 1 vol. in-8 raisin, illustré de grandes compositions, par Émile BAYARD, et de 83 vignettes dans le texte.............. 7 fr.

Les petites écolières dans les cinq parties du monde (*ouvrage couronné par l'Académie française*). 1 magnifique vol. in-8 raisin, illustré de 104 vignettes sur bois......................... 7 fr.

Histoire fantastique du célèbre Pierrot, par ALFRED ASSOLLANT. *Deuxième édition*. 1 beau vol. in-8 raisin, illustré de 100 dessins de YAN' DARGENT.. 7 fr.

Nouveau cabinet des fées. Contes choisis, par L. BATISSIER. *Deuxième édition.* 1 beau vol. in-8 raisin, illustré de nombreuses vignettes sur bois.. 10 fr.

Voyage au fond de la mer, par DE LA BLANCHÈRE. 1 beau vol. grand in-8 raisin, illustré de nombreuses vignettes placées dans le texte, et de 16 magnifiques gravures imprimées en couleur....... 10 fr.

HISTOIRE

ŒUVRES DE M. HENRI MARTIN

SÉNATEUR, MEMBRE DE L'ACADÉMIE FRANÇAISE

*** Histoire de France depuis les temps les plus reculés jusqu'en 1789.** 4e édition, suivie d'une table générale analytique et alphabétique. 17 vol. in-8 cav. avec le portrait de l'auteur........ 102 fr.

LE MÊME OUVRAGE, 17 vol. ornés de 52 grav. sur acier... 118 fr.

*** Histoire de France depuis 1789 jusqu'à nos jours**, complément de l'*Histoire de France depuis les temps les plus reculés jusqu'en* 1789, du même auteur. L'ouvrage formera 7 vol. in-8 cav. — Chaque vol. sans grav. 6 fr. ; — avec grav.......................... 7 fr.
Le tome VII s'arrêtant en 1871, après la Commune, est sous presse.

*** Histoire de France populaire depuis les temps les plus reculés jusqu'à nos jours** (1866) 6 vol. grand in-8 jésus, illustrés de 1483 grav. — Prix des 6 vol................................ 48 fr.

*** Histoire de la révolution française de 1789 à 1799**; 2 forts vol. in-16.. 7 fr.

*** Jeanne d'Arc.** Un vol. in-18 jésus, orné d'une grav. sur acier. 2 fr.

Daniel Manin, dernier président de la République de Venise; précédé d'un *Souvenir de Manin*, par M. E. Legouvé (de l'Académie française). 1 vol. in-18 jésus, orné du portrait de Manin..... 3 fr. 50

La Russie et l'Europe. 1 beau vol. in-8 cav................ 6 fr.

*** Précis de l'histoire de la révolution** (Mai 1789. — Novembre 1795), par E. Hamel. — *Deuxième édition*, 1 vol. grand in-8.... 7 fr. 50

Histoire des croisades, par Michaud, 4 vol. in-8 cav. 7e édition, 4 grav. sur acier et une carte.............................. 24 fr.

ŒUVRES DE M. A. THIERS

Histoire de la révolution française, 13e édition, ornée, de 55 grav. sur acier. 10 vol. in-8.. 60 fr.

LE MÊME OUVRAGE, 4 vol. grand in-8 jésus, 40 grav. sur acier.. 40 fr.

LE MÊME OUVRAGE, 8 vol. in-18 jésus........................ 28 fr.

* LE MÊME OUVRAGE. *Édition populaire*, illustrée de plus de 400 grav. d'après les dessins de YAN' DARGENT. 2 forts volumes grand in-8 jésus.. 22 fr.

Atlas de l'histoire de la Révolution française, 32 cartes et plans gravés sur acier. In-folio cart........................ 16 fr.

LE MÊME ATLAS. *Édition populaire*, in-4°. Cart.............. 10 fr.

Histoire du Consulat et de l'Empire. 20 vol. in-8 carré, illustrés de 75 grav. sur acier; plus un vol. de table analytique et alphabétique. Les 21 vol. brochés.............................. 125 fr.

* LE MÊME OUVRAGE. *Edition populaire*, illustrée de 350 grav. L'ouvrage complet, 5 vol. grand in-8 jésus.................. 48 fr.

Atlas de l'histoire du Consulat et de l'Empire. 66 cartes ou plans gravés sur acier. In-folio cart.......................... 30 fr.

* LE MÊME ATLAS. *Edition populaire*. In-4°. Cart............. 15 fr.

De la propriété. Un vol. in-8 carré. .... 4 fr.

* LE MÊME OUVRAGE. Un vol. in-18 jésus...................... 2 fr.

* **Sainte-Hélène**. Un vol. in-18 jésus........................ 2 fr.

* **Waterloo**. 2 vol. in-18 jésus.............................. 2 fr.

* **Congrès de Vienne**. Un vol. in-18 jésus.................... 2 fr.

AUGUSTIN THIERRY

Œuvres complètes, 5 v. in-8 cav., ornés de 21 gr. tirées à part. 30 fr.

Chaque ouvrage se vend séparément............................ 6 fr.

Le même ouvrage. 9 vol. in-16.............................. 18 fr.

* *Histoire de la conquête de l'Angleterre*, 4 vol........... 8 fr.
* *Lettres sur l'Histoire de France*. 1 vol................. 2 fr.
* *Dix ans d'Etudes historiques*. 1 vol...................... 2 »
* *Récits des temps mérovingiens*, 2 vol.................... 4 »
* *Essai sur l'histoire du tiers-état*, 1 vol .... 2 »

Histoire de la conquête de l'Angleterre par les Normands. Un beau vol. grand in-8 jésus, illustré de 35 grav. hors texte........ 10 fr.

GÉOGRAPHIE ET VOYAGES

troduction à l'étude de la géographie, ou Notions de géographie mathématique et de géographie physique, par un MARIN. Un beau vol. in-16, ill. de 40 grav. et de 4 cartes........................ 3 fr.

ographie universelle de Malte-Brun, édition entièrement refondue et mise au courant de la science par Th. LAVALLÉE, ancien professeur de l'École militaire de Saint-Cyr. 6 forts volumes in-8 jésus, illustrés de 64 gravures sur acier.................................. 72 fr.

Atlas universel de géographie Ancienne et Moderne, pour servir à l'intelligence de la *Géographie universelle de Malte-Brun* et *Th. Lavallée*. 31 cartes in-folio, coloriées, dressées par A. TARDIEU, revues et corrigées par A. VUILLEMIN. L'atlas cartonné............ 16 fr.

Atlas universel de géographie moderne, physique, politique, historique, industriel, commercial et militaire, dressé par MM. BUREAU, HUE et GŒDORP, professeurs de géographie à l'École militaire de Saint-Cyr, revu, pour toutes les cartes générales, par M. MASPÉRO, professeur au Collège de France, et composé de 42 magnifiques cartes imprimées en plusieurs couleurs. Cartonné...... 42 fr.

1. Planisphère.
2. Europe physique.
3. Europe politique.
4. Carte politique de l'Europe centrale.
5. Europe centrale (partie occidentale).
6. — (partie centrale).
7. — (partie orientale).
8. Carte géologique de la région française.
9. Carte physique de la région française.
10. France forestière.
11. France agricole.
12. France météorologique.
13. Formation du territoire français.
14. Carte historique de la région française.
15. France administrative.
16. France militaire.
17. France industrielle et commerciale.
18. Communications rapides du territoire français.
19. Camp retranché de Paris.
20. Frontière du Nord-Est de la France.
21. Carte des places fortes du Nord et de l'Est de la France.
22. Frontière du Sud-Est de la France.
23. Carte des Pyrénées.
24. France (région du Nord-Ouest).
25. Algérie et Tunisie.
26. Colonies françaises.
27. Iles Britanniques.
28. Carte de la Suisse.
29. Italie.
30. Carte physique et militaire des Alpes et du Pô.
31. Carte de la péninsule ibérique.
32. Russie et pays scandinaves.
33. Hongrie et Turquie.
34. Grèce.
35. Caucase et Crimée.
36. Asie.
37. Afrique.
38. Amérique septentrionale.
39. Carte militaire des États-Unis (partie orientale).
40. Carte militaire des États-Unis (partie occidentale).
41. Amérique méridionale.
42. Océanie.

SCIENCE — INDUSTRIE
HISTOIRE NATURELLE — BEAUX-ARTS

* **Les merveilles de la science, ou description populaire des inventions modernes**, par Louis Figuier, 4 forts vol. grand in-8 jésus, illustrés de 1817 grav. ; broché.. 40 fr.

  Chaque volume se vend séparément, broché............ 10 fr.

* **Les merveilles de l'industrie ou description populaire des procédés industriels depuis les temps les plus reculés jusqu'à nos jours**, par Louis Figuier, 4 vol. gr. in-8 jésus, illustrés de 1380 grav.. 40 fr.

  Chaque volume se vend séparément, broché............. 10 fr.

* **Métaux, mines, mineurs et industries métallurgiques**, par Émile With. 1 vol. gr. in-8, illustré de 192 grav........... 10 fr.

* **Traité élémentaire d'astronomie**, par A. Boillot. 2e *édition*. Un beau vol. in-18, orné de 108 grav. sur cuivre.............. 4 fr.

ŒUVRES COMPLÈTES DE BUFFON

Nouvelle édition, avec la classification de Cuvier et des extraits de Daubenton, ornée de 128 planches gravées sur acier, contenant 300 sujets coloriés d'après les dessins de M. Édouard Traviès. 6 vol. grand in-8 jésus.. 90 fr.

ŒUVRES DE LACÉPÈDE

Cétacés, Quadrupèdes ovipares, serpents et poissons. Nouvelle édition, précédée de l'éloge de Lacépède par Cuvier, avec notes, et la nouvelle classification de Desmarest. 2 vol. grand in-8 jésus, ornés de 36 planches gravées sur acier d'après les dessins de M. Édouard Traviès, représentant 72 sujets coloriés.... 30 fr.

Nids, tanières et terriers. (*Les Architectes de la nature.*) Deuxième édition. D'après J.-G. Wood, par Hippolyte Lucas. Magnifique publication illustrée de 200 vignettes placées dans le texte, et de 20 gravures tirées à part. 1 beau vol. grand in-8 jésus..... 10 fr.

Les insectes nuisibles à l'agriculture. Moyens de les combattre, par Ernest Menault. 1 vol. in-16 illustré.................. 2 fr.

Les principaux types des êtres vivants des cinq parties du monde; atlas in-4, contenant 582 gravures, à l'usage des Lycées, Collèges, Écoles primaires et de tous les établissements d'instruction, accompagné d'un texte explicatif, formant un volume in-16, par M. Edmond Perrier, professeur au Muséum d'histoire naturelle. Prix de l'atlas et du volume cartonné............................ 6 fr.

ENCYCLOPÉDIE DES BEAUX-ARTS PLASTIQUES

Historique, archéologique, biographique, chronologique et monogrammatique, par Auguste Demmin. *Épigraphie, Paléographie, Architectures* civile, religieuse et militaire; *Céramique* ancienne et moderne; *Sculpture* et *Peinture* de toutes les écoles; *Gravure* sur métaux et sur bois, etc. Cette publication illustrée de 6,000 grav., complétée par une table alphabétique de 20,000 mots, forme 3 vol. grand in-8 cartonnés en toile.................................. 80 fr.

Dessin indutriel. — *Cours élémentaire et pratique*, par L. Guiguet, officier de l'Instruction publique, professeur à l'Association polytechnique. 1 vol. grand in-8 jésus, avec un album de 46 planches in-folio. Prix du volume broché et de l'album cartonné..... 22 fr.

Toutes les planches de l'album se vendent séparément 50 cent.

ŒUVRES DE WALTER SCOTT

Traduction de M. Defauconpret; édition illustrée de 59 vignettes et portraits sur acier d'après Raffet. 30 vol. in-8 cav........ 150 fr.

Chaque volume se vend séparément.................... 5 fr.

1. *Wawerley.
2. *Guy Mannering.
3. L'Antiquaire.
4. Rob-Roy.
5. Le Nain noir. Les Puritains d'Écosse.
6. La Prison d'Édimbourg.
7.* La Fiancée de Lammermoor. L'Officier de fortune.
8. *Ivanhoé.
9. Le Monastère.
10. L'Abbé.
11. Kenilworth.
12. Le Pirate.
13. Les Aventures de Nigel.
14. Peveril du Pic.
15. *Quentin Durward.
16. Eaux de Saint-Ronan.
17. Redgauntlet.
18. Connétable de Chester.
19. *Richard en Palestine.
20. Woodstock.
21. Chroniques de la Canongate.
22. La Jolie Fille de Perth.
23. *Charles le Téméraire.
24. Robert de Paris.
25. Le Château périlleux. La Démonologie.
26. 27. 28. Histoire d'Écosse.
29. 30. Romans poétiques.

LE MÊME OUVRAGE, *nouvelle édition*, publiée en 30 volumes in-8 carré, avec gravures sur acier. Chaque volume........... 3 fr. 50

ŒUVRES DE J. FENIMORE COOPER

Traduction de Defauconpret ornée de 60 jolies vignettes d'après les dessins de MM. Alfred et Tony Johannot. 30 volumes in-8 cavalier.. 150 fr.

Chaque volume se vend séparément.................... 5 fr.

1. Précaution.
2.* L'Espion.
3.* Le Pilote.
4. Lionnel Lincoln.
5.* Les Mohicans.
6.* Les Pionniers.
7.* La Prairie.
8.* Le Corsaire rouge.
9. Les Puritains.
10. L'Écumeur de mer.
11. Le Bravo.
12. L'Heidenmauer.
13. Le Bourreau de Berne.
14. Les Monikins.
15. Le Paquebot.
16. Ève Effingham.
17.* Le Lac Ontario.
18. Mercédès de Castille.
19.* Le Tueur de daims.
20. Les deux Amiraux.
21. Le Feu-Follet.
22. A Bord et à Terre.
23. Lucie Hardinge.
24. Wyandotté.
25. Satanstoë.
26. Le Porte-Chaîne.
27. Ravensnest.
28. Les Lions de mer.
29. Le Cratère.
30. Les Mœurs du jour.

LE MÊME OUVRAGE, *nouvelle édition*, publiée en 30 volumes in-8 carré, avec gravures sur acier. Chaque volume.......... 3 fr. 50

OUVRAGES DIVERS

Le Chien, *son histoire, ses exploits, ses aventures*, par Alfred BARBOU, bibliothécaire à la bibliothèque Sainte-Geneviève. Un vol. grand in-8 raisin, illustré de 87 compositions........................ 10 fr.

Musée historique de Versailles, contenant tous les tableaux remarquables des galeries de Versailles, 56 planches gravées sur acier,. avec un texte explicatif, par M. Henri MARTIN, 1 splendide volume in-4, relié.. 30 fr.

Physiologie du goût, par BRILLAT SAVARIN. Nouvelle édition précédée d'une Introduction par ALPHONSE KARR, illustrée par BERTALL de 200 gravures sur bois placées dans le texte et de 7 grav. sur acier tirées sur papier de Chine. 1 magnifique vol. gr. in-8 jésus. 15 fr.

Histoire de la Magie et de la Fatalité à travers les temps et les peuples, par P. CHRISTIAN. 1 beau volume grand in-8, illustré par Emile BAYARD.. 10 fr.

Don Quichotte de la Manche, par Michel CERVANTÈS, traduction de M. Ch. FURNE. 1 beau vol. grand in-8 jésus illustré de 160 dessins par M. Gustave ROUX, broché. .... 8 fr.

Les aventures du Baron de Munchhausen, édition nouvelle, traduite par Th. GAUTIER fils, et illustrée par Gustave DORÉ. 1 volume in-8. Br. 4 fr., relié avec plaques or, tranches dorées..... 7 fr.

Album-Vocabulaire du premier âge, en français, anglais, allemand, italien et espagnol, par MM. A. LE BRUN, H. HAMILTON et G. HEUMANN. 1 vol. grand in-8 raisin, illustré de 800 gravures, avec plaques et biseaux.. 6 fr.

Chefs-d'œuvre épiques de tous les peuples, par A. CHASSANG, inspecteur général de l'instruction publique, et L. MARCOU, maître de conférences à la Faculté des lettres de Paris. 1 vol. in-16. 3 fr. 50

LITTÉRATURE CLASSIQUE

MOLIÈRE. — Œuvres complètes, précédées de la Vie de Molière par VOLTAIRE. 2 volumes in-8 cavalier ornés de 16 vignettes d'après MM. Horace Vernet, Desenne et Johannot, gravées par Nargeot.. 14 fr.

P. CORNEILLE. — Œuvres dramatiques, précédées de la vie de P. Corneille par FONTENELLE. Nouvelle édition, ornée de 11 gravures sur acier d'après Bayalos, et d'un magnifique portrait de P. Corneille. 1 fort volume in-8, papier cavalier .... 7 fr.

JEAN RACINE. — Œuvres, précédées d'un essai sur sa vie et ses ouvrages par L.-S. AUGER, de l'Académie française, et ornées de 13 vignettes d'après Gérard, Girodet, Desenne. 1 beau volume in-8 cavalier.. 7 fr.

BOILEAU. — Œuvres, avec un choix de notes, et les imitations des auteurs anciens. Nouvelle édition précédée d'une notice sur Boileau par SAINTE-BEUVE, de l'Académie française. 1 volume in-8 cavalier, 6 vignettes et 1 portrait sur acier.................. 5 fr.

Le même ouvrage, édition de luxe, tirée à 110 exempl., sur grand papier vergé, numérotés à la presse. 1 vol. orné de grav. sur acier, imprimées sur papier de Chine .... 25 fr.

LA BRUYÈRE. — Les Caractères et les *Maximes de La Rochefoucauld*, précédés d'une notice par M. SUARD. Nouvelle édition. 1 beau volume in-8 cavalier, orné d'un portrait de J. DE LA BRUYÈRE.. 5 fr.

LA FONTAINE. — Fables, illustrées par Tony JOHANNOT de 13 gravures sur acier. Nouvelle édition, augmentée d'un choix de notes, et précédée d'une Notice sur La Fontaine par SAINTE-BEUVE, de l'Académie française. 1 vol. in-8 cav.......................... 5 fr.

VAUVENARGUES, édition nouvelle, précédée de l'*Éloge de Vauvenargues* couronné par l'Académie française, et accompagnée de notes et commentaires par M. D.-L. GILBERT. 1 volume in-8 cavalier avec portrait sur acier.

— *Œuvres posthumes* et *œuvres inédites*, avec notes et commentaires par M. D.-L. GILBERT. 1 volume in-8 cavalier. — Prix des deux volumes .... 12 fr.

FÉNELON. — **Les aventures de Télémaque.** 1 beau vol. in-8° cavalier, orné de 12 grav et d'un portrait gravé sur acier .... 6 fr.

BOSSUET. — **Discours sur l'Histoire universelle et Oraisons funèbres.** 1 volume in-8° cavalier .... 5 fr.

Mme DE SÉVIGNÉ. — **Lettres**, précédées d'une notice historique et littéraire. 1 beau volume in-8 cavalier, orné d'un portrait..... 6 fr.

VOLTAIRE. — **Siècle de Louis XIV.** 1 beau volume in-8 cavalier, orné d'un portrait de Louis XIV .... 6 fr.

VOLTAIRE. — **Théâtre**, précédé d'une notice sur sa vie et ses ouvrages. 1 beau volume in-8 cavalier, orné d'un portrait..... 6 fr.

BEAUMARCHAIS. — **Théâtre**, précédé d'une notice par SAINT-MARC GIRARDIN. 1 vol. in-8 cav., illustré de 5 vignettes sur acier, d'après Tony Johannot .... 6 fr.

DEMOUSTIER. — **Lettres à Émilie sur la Mythologie.** 1 vol. in-8 cav., orné de 12 grav. sur acier, imprimées sur Chine....... 7 fr.

Le même ouvrage, édition de luxe, 1 fort volume tiré à 110 exemplaires sur grand papier vergé, numérotés à la presse, orné d'une collection de 13 magnifiques gravures sur acier, tirées sur Chine..... 25 fr.

LE SAGE. — **Gil Blas de Santillane.** Nouvelle édition, 1 volume in-8 cavalier, orné de 8 gravures sur acier et d'un portrait de l'auteur .... 7 fr.

A. HAMILTON. — **Mémoires de Grammont et contes.** 1 volume in-8 cavalier orné de 6 gravures sur acier, d'après les dessins de Moreau .... 6 fr.

MICHEL CERVANTÈS. — **Don Quichotte de la Manche.** Traduction nouvelle par Ch. FURNE, 2 volumes in-8 cavalier ornés de gravures sur acier .... 8 fr.

www.ingramcontent.com/pod-product-compliance
Ingram Content Group UK Ltd.
Pitfield, Milton Keynes, MK11 3LW, UK
UKHW021853190726
13855UKWH00001B/296

9 782012 975910